Dr. Oetker

Die beliebtesten Rezepte

Kochen auf dem Lande

Dr. Oetker

Die beliebtesten Rezepte

Kochen auf dem Lande

Dr. Oetker Verlag

Garage

Kochen auf dem Lande

Lassen Sie sich zu einem Ausflug raus aus der Stadt verführen und genießen Sie leckere Gerichte vom Lande. Da wo noch Zeit zum Kochen ist, überlieferte Rezepte zubereitet werden und die Kalorienfrage nicht unbedingt die Auswahl bestimmt.

Die Rezepte sind oft regionale Köstlichkeiten, die sich in der Familie weitervererbt haben. Sie werden in Land-Gaststätten serviert, wo der Koch den Landwirt, den Fischer, den Jäger oder den Metzger noch persönlich kennt. So werden dort heimische Produkte verarbeitet, das Gemüse der Saison zubereitet und Spezial-Rezepte vom Lande serviert.

Sie finden hier wieder entdeckte und neu entwickelte Rezepte, Bewährtes und fast Vergessenes. Unterstützt hat uns der Rheingauer Spitzenkoch Josef Laufer, der mit seinem *Krug* in Hattenheim für Sorgfalt und Frische steht. Herausgekommen ist eine herzhafte, deftige und unverfälschte Küche vom Lande.

Alle Rezepte wurden von uns nachgekocht und Schritt-für-Schritt so beschrieben, dass sie garantiert gelingen.

Guten Appetit!

Schnell

Feldsalat mit Geflügelleber

4 Portionen

Zubereitungszeit: *25 Minuten*

250 g	*Feldsalat*
	Für die Salatsauce:
2	*Schalotten*
1	*Knoblauchzehe*
2 EL	*Sherryessig*
4 EL	*Traubenkernöl*
	Salz, frisch gemahlener Pfeffer
1 TL	*Zucker*
100 g	*kernlose, grüne Weintrauben*
1	*Schalotte*
3 TL	*Butter*
250 g	*Geflügelleber*
etwas	*Sherryessig*
etwas	*Geflügelbrühe*

Pro Portion:
E: 13 g, F: 16 g, Kh: 9 g, kJ: 999, kcal: 238, BE: 0,5

1. Von dem Feldsalat die Wurzelenden abschneiden. Den Salat verlesen, mehrmals gründlich waschen, trocken schleudern und in eine Schüssel geben.

2. Für die Sauce Schalotten und Knoblauch abziehen, in kleine Würfel schneiden. Essig mit Knoblauch- und Schalottenwürfeln verrühren, Traubenkernöl unterschlagen. Mit Salz, Pfeffer und Zucker abschmecken.

3. Weintrauben waschen, trocken tupfen und halbieren. Schalotte abziehen und in kleine Würfel schneiden. Butter in einer Pfanne zerlassen. Schalottenwürfel darin glasig dünsten.

4. Leber von Sehnen befreien, unter fließendem kalten Wasser abspülen und trocken tupfen. Leber zu den Schalottenwürfeln geben und von beiden Seiten bei schwacher Hitze hellbraun anbraten. Mit Salz und Pfeffer bestreuen. Weintraubenhälften hinzugeben. Mit Sherryessig und Brühe ablöschen. Zutaten in der Pfanne schwenken, damit sie sich gut mischen.

5. Feldsalat mit der Salatsauce gut vermengen und auf vier Tellern anrichten. Große Leberstücke durchschneiden. Mit Fond und Weintraubenhälften auf die vorbereiteten Teller verteilen.

Mit Alkohol

Feldsalat in Wacholder-Zwetschen-Vinaigrette mit Wildschweinschinken

8 Portionen

500 g	*Feldsalat*
	Für die Vinaigrette:
2 EL	*Zucker*
5	*Wacholderbeeren*
etwas	*Gin*
200 ml	*Rotwein*
100 ml	*Geflügelbrühe*
12	*Zwetschen*
3 EL	*Rotweinessig*
6 EL	*Traubenkernöl*
	Salz, frisch gemahlener Pfeffer
250 g	*hauchdünn geschnittener Wildschweinschinken*

Pro Portion:
E: 7 g, F: 9 g, Kh: 9 g, kJ: 702, kcal: 167, BE: 1,0

1. Feldsalat putzen, waschen, abtropfen lassen und trocken schleudern.

2. Für die Vinaigrette Zucker in einer Pfanne ohne Fett hellbraun karamellisieren lassen. Wacholderbeeren zerstoßen, zum Karamell geben und kurz mit anrösten, Gin unterrühren. Rotwein und Brühe hinzugießen, zum Kochen bringen und um die Hälfte einkochen lassen.

3. Zwetschen waschen, trocken reiben, halbieren, entsteinen, in kleine Würfel schneiden und unter die Vinaigrette rühren. Nochmals kurz aufkochen lassen und in eine Schüssel geben. Essig unterrühren. Nach und nach langsam das Traubenkernöl unterrühren. Mit Salz und Pfeffer abschmecken. Vinaigrette etwas abkühlen lassen.

4. Feldsalat in eine Schüssel geben, mit der Vinaigrette vermengen und auf einem großen Teller anrichten. Die Schinkenscheiben dachziegelartig um den Salat legen und sofort servieren.

Tipp: Den Feldsalat mit frischem Vollkornbrot servieren.

Endiviensalat mit Walnusskernen

4 Portionen

Zubereitungszeit: *25 Minuten, ohne Abkühlzeit*

Für die Salatsauce:

2	*Schalotten*
2 Stängel	*Thymian*
6 EL	*Speiseöl*
1	*Lorbeerblatt*
200 ml	*Geflügel- oder Gemüsebrühe*
1	*mittelgroßer Endiviensalat*
4 Stängel	*glatte Petersilie*
40 g	*Walnusskerne*
2–3 TL	*körniger Senf*
2–3 EL	*Apfelessig*
	Salz
	frisch gemahlener Pfeffer
1–2 TL	*flüssiger Honig*

Pro Portion:
E: 3 g, F: 21 g, Kh: 4 g, kJ: 919, kcal: 220, BE: 0,5

1. Für die Salatsauce die Schalotten abziehen und in kleine Würfel schneiden. Thymian abspülen und trocken tupfen. 2 Esslöffel Öl in einem Topf erhitzen. Schalottenwürfel darin glasig dünsten, Lorbeerblatt und Thymianstängel hinzugeben, kurz andünsten. Brühe hinzugießen, aufkochen und auf die Hälfte einkochen lassen. Abkühlen lassen.

2. Von dem Endiviensalat Wurzel und äußere Blätter abschneiden. Salatblätter waschen, trocken tupfen oder in einer Salatschleuder trocken schleudern. Salatblätter zu kleinen Stapeln aufeinanderlegen und in mundgerechte Stücke schneiden. Petersilie abspülen, trocken tupfen, die Blättchen von den Stängeln zupfen und grob hacken. Walnusskerne grob hacken.

3. Schalotten-Brühe durch ein Sieb gießen. Senf und Essig unterrühren. Restliches Öl nach und nach unterrühren. Die Salatsauce mit Salz, Pfeffer und Honig abschmecken.

4. Salatstücke und Petersilie in der Salatsauce mischen, den Salat anrichten und mit Walnusskernen bestreuen. Sofort servieren.

Variante: **Endiviensalat mit Meerrettich**

Die Salatsauce zubereiten wie beschrieben, zum Schluss 2–3 Teelöffel geriebenen Gemüsemeerrettich (aus dem Glas) unterrühren. Die Salatsauce mit Salz und Pfeffer abschmecken. 1 Endiviensalat vorbereiten und in Streifen schneiden. 1 Bund Schnittlauch abspülen, trocken tupfen und in Röllchen schneiden. Salatstreifen und Schnittlauchröllchen in der Salatsauce mischen und sofort anrichten.

Raffiniert – schnell

Spinatsalat in Grüne-Sauce-Dressing mit warmen Pilzen

4 Portionen

Zubereitungszeit: *25 Minuten*

200 g	*Blattspinat*
50 g	*Frühstücksspeck (Bacon)*
150 g	*rosa Champignons, Steinpilze oder Austernpilze*
20 g	*Butter*

Für das Grüne-Sauce-Dressing:

2 EL	*Apfelessig*
	Salz
	frisch gemahlener Pfeffer
1	*Schalotte*
4 EL	*Nussöl*
1 kleines Bund	*Kräuter, z. B. Sauerampfer, Petersilie, Pimpinelle, Kerbel, Kresse, Schnittlauch*
50 g	*Schmand (Sauerrahm)*
50 g	*Vollmilchjoghurt*
	frisch gemahlener, weißer Pfeffer
etwas	*Zitronensaft*
2	*hart gekochte Eier*

Nach Belieben:

Tomatenspalten
vorbereitete Petersilienblättchen

Pro Portion:

E: 9 g, F: 24 g, Kh: 2 g, kJ: 1107, kcal: 265, BE: 0

1. Spinat verlesen, gründlich waschen und trocken schleudern.

2. Frühstücksspeck in feine Streifen schneiden, in einer Pfanne ohne Fett langsam knusprig braten und herausnehmen.

3. Pilze putzen, mit Küchenpapier abreiben, eventuell abspülen, trocken tupfen und in Scheiben schneiden.

4. Butter zum Speckfett geben und zerlassen. Pilzscheiben darin andünsten.

5. Für das Dressing Essig mit Salz und Pfeffer verrühren. Schalotte abziehen, in kleine Würfel schneiden und unterrühren. Nussöl unterschlagen.

6. Kräuter abspülen und trocken tupfen. Die Blättchen von den Stängeln zupfen, Schnittlauch in Röllchen schneiden. Schmand mit Joghurt und den Kräutern in einen hohen Rührbecher geben und pürieren. Das Kräuterpüree unter das Dressing rühren. Mit Salz, Pfeffer und Zitronensaft abschmecken. Eier pellen, in kleine Würfel schneiden und unterheben.

7. Blattspinat dekorativ auf einem Teller verteilen und mit dem Grüne-Saucen-Dressing beträufeln. Pilzscheiben und Speckstreifen darauf anrichten. Nach Belieben mit Tomatenspalten und Petersilienblättchen garnieren.

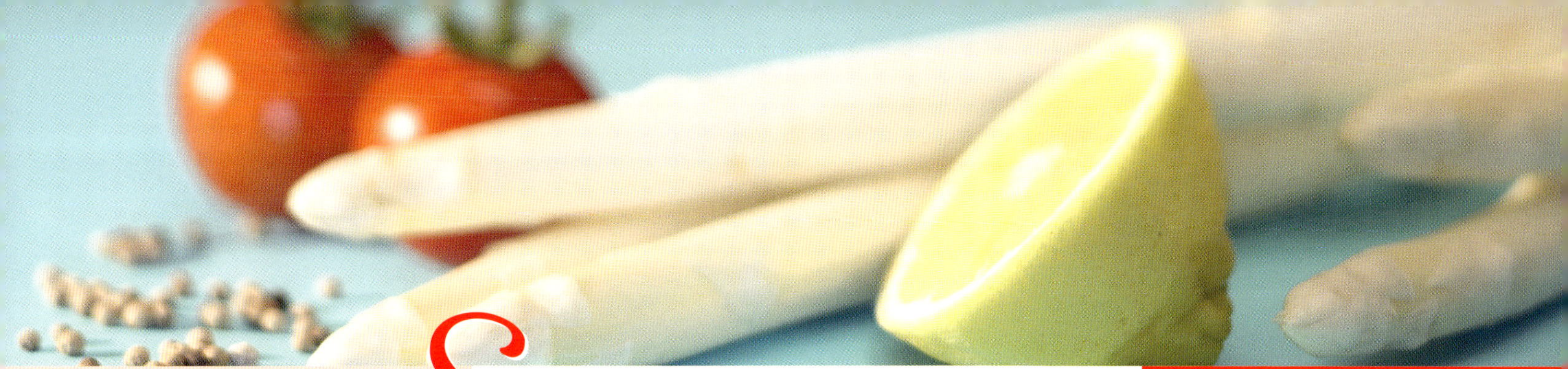

Spargelsalat mit Forellentatar

4 Portionen

Zubereitungszeit: *45 Minuten, ohne Abkühlzeit*

Für den Salat:

800 g	*weißer Spargel*
½	*Bio-Zitrone (unbehandelt, ungewachst)*
	Salz
	Zucker
	frisch gemahlener Pfeffer
40 g	*Butter*
80 ml	*Olivenöl*
2	*Tomaten*
einige Stängel	*Pimpinelle*
2	*hart gekochte Eier*

Für das Forellentatar:

2	*rohe Forellenfilets (je etwa 150 g, ohne Haut und Gräten)*
2	*geräucherte Forellenfilets (je etwa 100 g, ohne Haut und Gräten)*
1 kleines Bund	*Schnittlauch*
1	*Bio-Zitrone (unbehandelt, ungewachst)*
2 EL	*Olivenöl*

Pro Portion:
E: 33 g, F: 41 g, Kh: 5 g, kJ: 2180, kcal: 521, BE: 0

1. Für den Salat den Spargel von oben nach unten schälen. Darauf achten, dass die Schalen vollständig entfernt, die Köpfe aber nicht verletzt werden. Die unteren Enden abschneiden (holzige Stellen vollständig entfernen). Die Stangen längs halbieren, die Hälften in jeweils 3 Stücke schneiden.

2. Zitrone heiß abwaschen, abtrocknen und in dünne Scheiben schneiden. Die Spargelstücke in einen flachen Topf geben. Zitronenscheiben hinzufügen. Mit Salz, Zucker und etwas Pfeffer würzen. Butter, 2 Esslöffel Wasser und Olivenöl hinzugeben. Den Spargel zugedeckt bei mittlerer Hitze in etwa 3 Minuten dünsten. Dabei gelegentlich umrühren, damit der Spargel nicht anbrennt. Nicht mehr Wasser hinzugeben, damit nicht zu viel Flüssigkeit entsteht.

3. Die gegarten Spargelstücke in eine Salatschüssel geben, Zitronenscheiben entfernen, Spargelstücke etwas abkühlen lassen.

4. Tomaten waschen, kreuzweise einschneiden und einige Sekunden in kochendes Wasser legen. Tomaten kurz in kaltes Wasser legen, enthäuten, halbieren, entkernen und die Stängelansätze herausschneiden. Tomatenhälften in kleine Würfel schneiden und zu den Spargelstücken geben.

5. Pimpinelle abspülen und trocken tupfen. Die Blättchen von den Stängeln zupfen und unter den Salat mischen. Den Salat mit Salz abschmecken. Eier pellen und mit einem Eierschneider sechsteln. Eisechstel vorsichtig unter den Salat mischen. Den Salat auf 4 Teller verteilen.

6. Für das Tatar die rohen Forellenfilets unter fließendem kalten Wasser abspülen, dann trocken tupfen. Rohe und geräucherte Forellenfilets in kleine Würfel schneiden und in eine Schüssel geben.

7. Schnittlauch abspülen, trocken tupfen und in kleine Röllchen schneiden. Zitrone heiß abwaschen und abtrocknen. Ein Viertel der Schale dünn abreiben, die Zitrone auspressen.

8. Schnittlauchröllchen, Zitronenschale, 1–2 Teelöffel Zitronensaft und Olivenöl zu den Forellenfiletwürfeln geben und gut unterarbeiten. Tatar mit Salz, Pfeffer und Zitronensaft abschmecken. Mit zwei Esslöffeln Klöße aus dem Tatar formen und zu dem Salat auf die Teller verteilen. Sofort servieren.

Tipp: Für ein Hauptgericht den Salat mit einer grünen Sauce und frisch gekochten Salzkartoffeln reichen.

Einfach – für Gäste

Eichblattsalat in Brombeer-Dressing mit geräucherter Entenbrust

8 Portionen

Zubereitungszeit: *35 Minuten, ohne Abkühlzeit*

2	Köpfe Eichblattsalat
	Für das Brombeer-Dressing:
2	Schalotten
250 ml (1/4 l)	Geflügelbrühe
1 EL	weiße Pfefferkörner
1 TL	Korianderkörner
1 TL	Senfkörner
1 EL	mittelscharfer Senf
100 ml	Sonnenblumenöl
1 EL	Walnussöl
150 g	frische Brombeeren
60 ml	Rotweinessig
	Salz
	Zucker
	frisch gemahlener Pfeffer
2	geräucherte Entenbrustfilets (je etwa 200 g)

Pro Portion:
E: 10 g, F: 23 g, Kh: 3 g, kJ: 1074, kcal: 256, BE: 0

1. Von dem Salat die welken Blätter entfernen und jeweils den Strunk herausschneiden. Salat waschen, gut abtropfen lassen oder trocken schleudern.

2. Für das Dressing Schalotten abziehen und in grobe Würfel schneiden. Brühe mit Schalottenwürfeln, Pfefferkörnern, Koriander- und Senfkörnern in einem Topf zum Kochen bringen und auf die Hälfte einkochen lassen.

3. Senf in eine Rührschüssel geben. Die heiße Brühe durch ein Sieb gießen und mit dem Senf gut verrühren. Nach und nach das Sonnenblumen- und Walnussöl unter ständigem Rühren hinzugießen, so dass eine dickflüssige Salatsauce entsteht.

4. Brombeeren putzen, waschen, trocken tupfen und halbieren. Mit dem Essig unter das Dressing rühren. Mit Salz, Zucker und Pfeffer abschmecken. Dressing etwas abkühlen lassen und mit dem Eichblattsalat vermengen. Den Salat auf einem Teller anrichten.

5. Entenbrustfilets in dünne Scheiben schneiden und um den Salat legen. Mit dem restlichen Dressing beträufeln.

Buttermilchsülze mit Räucherlachs und Gemüse-Vinaigrette

8 Portionen
(1 Terrinenform etwa 23 x 11 cm)

Zubereitungszeit: *35 Minuten, ohne Kühlzeit*

Für die Buttermilchsülze:

250 g	Räucherlachs, in Scheiben
8 Blatt	weiße Gelatine
500 ml (½ l)	Buttermilch
2 EL	fein geschnittener Dill
	Salz
	frisch gemahlener Pfeffer
etwas	Zitronensaft

Für die Gemüse-Vinaigrette:

120 g	Möhren
100 g	Knollensellerie
70 g	Porree (Lauch)
2–3 EL	weißer Balsamico-Essig
5 EL	Geflügelbrühe
	Salz
	frisch gemahlener Pfeffer
6 EL	Olivenöl

Zum Garnieren:

einige vorbereitete Zweige	Dill

Pro Portion:
E: 10 g, F: 10 g, Kh: 4 g, kJ: 609, kcal: 146, BE: 0

1. Für die Sülze Räucherlachsscheiben mit Küchenpapier abtupfen.

2. Gelatine in kaltem Wasser nach Packungsanleitung einweichen. Eingeweichte Gelatine gut ausdrücken. Etwas von der Buttermilch in einem kleinen Topf erwärmen, Gelatine hinzugeben und unter Rühren bei schwacher Hitze auflösen (nicht kochen). Topf von der Kochstelle nehmen.

3. Restliche Buttermilch nach und nach unter die aufgelöste Gelatine rühren. Dill unterrühren. Mit Salz, Pfeffer und Zitronensaft abschmecken.

4. Eine Terrinenform mit Frischhaltefolie auslegen.

5. Etwas von der Buttermilchflüssigkeit in die Form gießen, so dass der Boden bedeckt ist. Die Form in den Kühlschrank stellen. Flüssigkeit fest werden lassen. Einige Räucherlachsscheiben auf den Buttermilchspiegel legen. Etwas von der Buttermilchflüssigkeit auf die Räucherlachsscheiben geben. Die Form wieder in den Kühlschrank stellen. Die Oberfläche der Flüssigkeit fest werden lassen. Restliche Lachsscheiben und Buttermilch in gleicher Weise einschichten. Danach die Buttermilchsülze etwa 6 Stunden kalt stellen.

6. Für die Vinaigrette Möhren und Sellerie schälen, abspülen, abtropfen lassen und in sehr kleine Würfel schneiden. Porree putzen, längs halbieren, waschen, abtropfen lassen und in sehr kleine Stücke schneiden. Die vorbereiteten Gemüsezutaten kurz in kochendem Wasser blanchieren, mit kaltem Wasser abschrecken und in einem Sieb abtropfen lassen.

7. Essig und Brühe verrühren, mit Salz und Pfeffer würzen. Olivenöl langsam mit einem Schneebesen unterrühren. Möhren-, Selleriewürfel und Porreestückchen untermischen.

8. Die Buttermilchsülze aus der Form stürzen, aufschneiden, mit der Gemüse-Vinaigrette anrichten und mit Dill garnieren.

Tipp: Zusätzlich 1 Esslöffel fein gehackten Liebstöckel unter die Vinaigrette rühren.

Leberwurststrudel mit Kartoffelsalat

4–6 Portionen

Zubereitungszeit: *45 Minuten, ohne Abkühl- und Auftauzeit*

Für den Kartoffelsalat:

300 g	*Kartoffeln*
½ TL	*Kümmelsamen*
1	*Lorbeerblatt*
	Salzwasser
1	*kleine Zwiebel*
100 ml	*Rinderbrühe*
1 TL	*mittelscharfer Senf*
1–2 EL	*Weißweinessig*
3 EL	*Rapsöl*
	Salz
	frisch gemahlener Pfeffer

Für die Strudel:

2	*Schalotten*
200 g	*Wirsingkohl*
40 g	*Butter*
2 Stängel	*Majoran*
200 g	*grobe Leberwurst*
1 Pck.	*Strudelteigblätter (120 g, 4 Blätter, aus dem Kühlregal) oder Yufka-Teig (erhältlich in türkischen Geschäften)*

Für die Vinaigrette:

1 TL	*Korianderkörner*
1 TL	*Dijon-Senf*
1–2 EL	*alter Balsamico-Essig*
2 EL	*Olivenöl*
2 EL	*Geflügelbrühe*
	evtl. Zucker
6 Stängel	*frischer Majoran*

Pro Portion:
E: 10 g, F: 29 g, Kh: 24 g, kJ: 1682, kcal: 402, BE: 2,0

1. Für den Kartoffelsalat Kartoffeln waschen, schälen und abspülen. Mit Kümmel und Lorbeerblatt in einen Topf geben, mit Salzwasser bedecken, zum Kochen bringen und etwa 20 Minuten garen.

2. Für den Strudel Schalotten abziehen und in kleine Würfel schneiden. Wirsing putzen, dicke Blattrippen entfernen. Blätter abspülen, abtropfen lassen und in sehr feine Streifen schneiden. 20 g Butter in einem Topf zerlassen. Schalottenwürfel darin glasig dünsten, Wirsingstreifen hinzufügen. Bei schwacher Hitze 10 Minuten dünsten, Flüssigkeit verdampfen lassen. Wirsing mit Salz und Pfeffer würzen, abkühlen lassen.

3. Restliche Butter schmelzen und abkühlen lassen. Majoran abspülen, trocken tupfen, die Blätter abzupfen, klein schneiden und mit der Leberwurst vermengen. Den Backofen vorheizen.

4. Ein Strudelteigblatt mit der kurzen Seite nach unten auf ein Geschirrtuch legen. Die Hälfte des gedünsteten Wirsings auf dem Teig verteilen, dabei rundherum jeweils einen 5 cm breiten Teigstreifen frei lassen. Die Hälfte der Leberwurst teelöffelweise auf dem Wirsing verteilen. Nacheinander die langen Seiten, dann die kurzen Seiten des Teiges zur Mitte, über die Wirsingfüllung schlagen. Teig mit Hilfe des Geschirrtuches aufrollen. Ein zweites Strudelblatt dünn mit Butter bestreichen, den Strudel auf das untere Drittel des Teigblattes legen, wie beschrieben in den Teig einschlagen und aufrollen. Strudel mit der offenen Seite nach unten auf ein Backblech (mit Backpapier belegt) legen.

5. Aus den restlichen Zutaten einen zweiten Strudel zubereiten und auf das Backblech legen. Strudel mit der restlichen Butter bestreichen. Das Backblech in den vorgeheizten Backofen schieben.

Ober-/Unterhitze: etwa 220 °C
Heißluft: etwa 200 °C
Backzeit: etwa 5 Minuten.

6. Die Backofentemperatur nach der angegebenen **Backzeit auf Ober-/Unterhitze: etwa 180 °C**, **Heißluft: etwa 160 °C** herunterschalten, die Strudel **weitere 10–15 Minuten** backen.

7. In der Zwischenzeit die garen Kartoffeln abgießen und abkühlen lassen.

8. Für die Salatsauce die Zwiebel abziehen und in kleine Würfel schneiden. Brühe aufkochen. Zwiebelwürfel hinzufügen, aufkochen und bei schwacher Hitze 10 Minuten garen. Senf, Essig und Rapsöl unterrühren. Mit Salz und Pfeffer kräftig würzen. Salatsauce in eine Schüssel geben. Lauwarme Kartoffeln in etwa 5 mm dicke Scheiben schneiden und direkt in die Sauce geben. Schüssel vorsichtig schwenken, damit sich die Zutaten gut mischen, die Kartoffelscheiben aber heil bleiben. Salat durchziehen lassen.

9. Für die Vinaigrette Koriander in einer Pfanne ohne Fett rösten, bis sie duften. Koriander in einem Mörser fein zerstoßen. Majoran abspülen, trocken tupfen, von 2 Stängeln die Blätter abzupfen, restliche Stängel in Zweige teilen. Koriander, Senf und Essig verrühren. Öl nach und nach unter ständigem Rühren zugeben, so dass eine dickflüssige Sauce entsteht, Brühe unterrühren. Mit Salz, Pfeffer und Zucker würzen.

10. Leberwurststrudel vom Backpapier nehmen und schräg in breite Stücke schneiden. Kartoffelsalat und Strudel portionsweise auf Tellern anrichten, mit Majoranzweigen garnieren. Vinaigrette auf die Teller träufeln, mit Majoranblättern bestreuen.

Gut vorzubereiten – mit Alkohol

Tafelspitzsülze

8 Portionen
(1 Kasten- oder Terrinenform etwa 25 x 11 cm)

Zubereitungszeit: *25 Minuten, ohne Kühlzeit*

12 Blatt	*weiße Gelatine*
500 ml (½ l)	*Rinderfond oder -brühe*
200 ml	*Weißwein, z. B. Grauburgunder*
	Salz
	frisch gemahlener Pfeffer
	frisch geriebene Muskatnuss
2 EL	*frisch gehackte glatte Petersilie*
300 g	*gekochter Tafelspitz, in Würfel geschnitten (von etwa 600 g rohem Tafelspitz)*
80 g	*blanchierte Möhrenwürfel*
80 g	*blanchierte Selleriewürfel*
60 g	*blanchierte Wirsingwürfel*

Pro Portion:
E: 14 g, F: 2 g, Kh: 1 g, kJ: 392, kcal: 94, BE: 0

1. Gelatine in kaltem Wasser nach Packungsanleitung einweichen.

2. Ein Drittel des Rinderfonds oder der -brühe erhitzen. Gelatine leicht ausdrücken und unter Rühren in dem heißen Fond auflösen. Restlichen Fond und Wein unterrühren. Mit Salz, Pfeffer und Muskat würzen, Petersilie hinzufügen.

3. Etwas von dem Fond in die Kasten- oder Terrinenform gießen, so dass ein etwa ½ cm hoher Spiegel entsteht. Die Form in den Kühlschrank stellen und den Fond erstarren lassen.

4. Tafelspitz- und Gemüsewürfel mischen, etwa ⅓ davon in die Form auf den Spiegel geben und mit Fond bedecken. Die Form wieder in den Kühlschrank stellen, bis der Fond fest ist. Diesen Vorgang wiederholen, bis alle Zutaten verbraucht sind. Dann noch etwa 2 Stunden kühl stellen.

5. Wenn die Sülze fest geworden ist, die Form kurz in heißes Wasser tauchen. Die Sülze auf eine Platte stürzen und in Scheiben schneiden.

Tipp: Tafelspitzsülze mit Remouladensauce und Salat, Röstkartoffeln oder Bauernbrot servieren. Die Sülze löst sich besser aus der Form, wenn die Kastenform vor dem Befüllen mit Klarsichtfolie oder mit einem aufgeschnittenen Gefrierbeutel ausgelegt wird.

Eintopf von der Kalbshaxe mit Rauke

4 Portionen

Zubereitungszeit: *45 Minuten*

1	*Kalbshaxe (etwa 1 kg)*
1	*Gemüsezwiebel (150 g)*
	Salz
1 EL	*weiße Pfefferkörner*
2	*Lorbeerblätter*
1 TL	*Wacholderbeeren*
2	*Möhren (250 g)*
½	*Knollensellerie (300 g)*
4	*Kartoffeln (500 g)*
1	*Kohlrabi (400 g)*
1	*Stange Porree (Lauch, 300 g)*
	frisch gemahlener Pfeffer
	frisch geriebene Muskatnuss
2 kleine Bunde	*Rauke (Rucola)*
1	*Bio-Zitrone (unbehandelt, ungewachst)*

Pro Portion:
E: 39 g, F: 10 g, Kh: 24 g, kJ: 1455, kcal: 347, BE: 1,5

1. Kalbshaxe von den dicken äußeren Sehnen befreien. Haxe unter fließendem kalten Wasser abspülen und in einen großen Topf geben. So viel Wasser hinzugießen, dass die Haxe gerade bedeckt ist. Zum Kochen bringen und abschäumen.

2. Inzwischen die Zwiebel abziehen und halbieren. Zwiebelhälften in einer Pfanne ohne Fett auf der Schnittfläche fast schwarz rösten (damit die Brühe eine kräftige Farbe bekommt). Zwiebelhälften mit Salz, Pfefferkörnern, Lorbeerblättern und Wacholderbeeren zur Haxe in den Topf geben und aufkochen lassen.

3. Die Haxe im offenen Topf bei schwacher Hitze etwa 2 Stunden köcheln lassen. In der Zwischenzeit Möhren putzen, schälen, abspülen und quer halbieren. Sellerie schälen, abspülen und halbieren. Nach etwa 1 Stunde Garzeit Möhren- und Selleriestücke hinzufügen.

4. Die Kalbshaxe aus der Brühe nehmen und abkühlen lassen (die Kalbshaxe ist gar, wenn sich das Fleisch leicht vom Knochen lösen lässt). Möhren- und Selleriestücke ebenfalls herausnehmen und abkühlen lassen.

5. Die Brühe durch ein Sieb in einen anderen Topf gießen.

6. Kartoffeln waschen, schälen, abspülen. Kohlrabi schälen und abspülen. Kartoffeln und Kohlrabi in gleich große Würfel schneiden. Porree der Länge nach halbieren, gründlich waschen, abtropfen lassen und quer in Streifen schneiden. Zuerst die Kartoffelwürfel in die Brühe geben, zum Kochen bringen und etwa 5 Minuten garen. Dann Kohlrabiwürfel und Porreestreifen hinzufügen und weitere etwa 5 Minuten garen.

7. Das Fleisch vom Knochen lösen und in Würfel schneiden. Möhren und Sellerie ebenfalls würfeln. Wenn die Kartoffel- und Kohlrabiwürfel gar sind, Fleisch-, Möhren- und Selleriewürfel in den Eintopf geben. Mit Salz, Pfeffer und Muskat kräftig abschmecken.

8. Rauke putzen, waschen, trocken tupfen oder - schleudern und die langen Stielenden entfernen. Raukeblätter in mundgerechte Stücke teilen. Zitrone heiß abspülen, abtrocknen und die Schale abreiben.

9. Rauke und Zitronenschale in tiefe Teller verteilen. Den heißen Eintopf daraufgeben und sofort servieren.

Tipp: Den Eintopf vor dem Servieren zusätzlich mit geriebenem Meerrettich bestreuen.

Mit Alkohol

Forellencremesuppe

4 Portionen

Zubereitungszeit: *40 Minuten*

2	*ganze, geräucherte Forellen*
4	*Schalotten*
60 g	*Butter*
20 g	*Weizenmehl*
2 Stängel	*Dill*
1	*Lorbeerblatt*
150 ml	*Weißwein (Riesling)*
400 ml	*Gemüsebrühe*
2–3 EL	*Zitronensaft*
300 g	*Schlagsahne*
	Salz
	frisch gemahlener Pfeffer
1 EL	*Worcestershiresauce*
2 Stängel	*Dill oder Petersilie*
2 EL	*steifgeschlagene Schlagsahne*

Pro Portion:
E: 19 g, F: 41 g, Kh: 7 g, kJ: 2122, kcal: 507, BE: 0,5

1. Die Forellen filetieren, Haut und Gräten beiseitelegen. Die Filets in kleine Stücke teilen und beiseitestellen.

2. Schalotten abziehen und in kleine Würfel schneiden. Butter in einem Topf zerlassen. Schalottenwürfel darin glasig dünsten. Mit Mehl bestäuben und so lange unter Rühren erhitzen, bis das Mehl hellgelb ist.

3. Dill abspülen und trocken tupfen. Forellenhaut und -gräten, Lorbeerblatt und Dill zur Mehlschwitze geben. Nach und nach Wein, Brühe und etwas Zitronensaft hinzugießen. Mit einem Schneebesen durchschlagen. Darauf achten, dass kleine Klümpchen entstehen.

4. Die Suppe zum Kochen bringen und etwa 5 Minuten kochen lassen. Dann Sahne unterrühren, mit Salz und Pfeffer würzen. Die Suppe wieder zum Kochen bringen und weitere etwa 15 Minuten bei schwacher Hitze kochen lassen.

5. Die Suppe durch ein Sieb in einen anderen Topf gießen. Mit Worcestershiresauce und eventuell etwas Zitronensaft abschmecken.

6. Dill oder Petersilie abspülen und trocken tupfen. Die Spitzen oder Blätter von den Stängeln zupfen und klein schneiden.

7. Die geschlagene Sahne unter die Suppe rühren. Die Suppe in vorgewärmte Teller füllen. Forellenstücke auf die Suppe legen. Die Suppe mit Kräutern bestreuen und sofort servieren.

Tipp: Schneller geht es, wenn Sie statt der ganzen Forellen etwa 300 g Forellenfilets verwenden und die Brühe ohne Forellengräten und Haut kochen. Die Suppe mit klein geschnittener Petersilie bestreut servieren.

Linsensuppe mit Fasan

4 Portionen

Zubereitungszeit: *50 Minuten, ohne Abkühlzeit*

1	*Fasan (etwa 800 g)*
2 l	*Wasser*
1	*Zwiebel*
1	*Lorbeerblatt*
3	*Gewürznelken gespickt*
½ Stange	*Porree (Lauch)*
1	*Möhre*
6	*Pfefferkörner*
3	*Wacholderbeeren*
1 gestr. TL	*Salz*
	frisch gemahlener Pfeffer
1 EL	*Schweineschmalz*
60 g	*fein gewürfelter, geräucherter Speck*
je 60 g	*fein gewürfelte Zwiebeln und Möhren*
40 g	*fein gewürfelter Staudensellerie*
200 g	*getrocknete Linsen*
2 EL	*Tomatenmark*
125 ml (⅛ l)	*Rotwein*
80 g	*Backpflaumen*
80 ml	*Sherry*
3 EL	*Balsamico-Essig*
1 TL	*Dijon-Senf*
1 Prise	*Zucker*
	frisch geriebene Muskatnuss
½ Bund	*Schnittlauch*

Pro Portion:
E: 48 g, F: 18 g, Kh: 36 g, kJ: 2289, kcal: 547, BE: 3,0

1. Fasan von innen und außen unter fließendem kalten Wasser abspülen. Den Fasan abtropfen lassen und in einen Topf geben. Zwiebel mit Lorbeerblatt und Gewürznelken spicken, zum Fasan geben. So viel kochendes Wasser hinzugeben, dass der Fasan gut bedeckt ist, wieder zum Kochen bringen und abschäumen.

2. Porree putzen, die Stange längs halbieren, gründlich waschen. Möhre putzen, schälen und abspülen. Porree, Möhre, Pfefferkörner, Wacholderbeeren, Salz und Pfeffer zum Fasan in den Topf geben, wieder zum Kochen bringen und zugedeckt 40–50 Minuten garen.

3. Den Fasan aus der Brühe nehmen und etwas abkühlen lassen. Die Brühe durch ein Sieb gießen. Die Fasanenhaut abziehen, das Fleisch von den Knochen lösen, die Sehnen entfernen und das Fleisch in Stücke schneiden.

4. Schmalz in dem Topf zerlassen, Speck- und Gemüsewürfel darin andünsten. Linsen hinzufügen, andünsten. Tomatenmark unterrühren und mit andünsten.

5. Rotwein hinzugießen und einkochen lassen, mit der Fasanenbrühe auffüllen.

6. Backpflaumen vierteln, hinzufügen, zum Kochen bringen und zugedeckt etwa 35 Minuten kochen lassen.

7. Die Suppe mit Sherry, Essig, Senf, Salz, Pfeffer, Zucker und Muskat süßsauer abschmecken.

8. Schnittlauch abspülen, trocken tupfen und in Röllchen schneiden.

9. Fasanenfleischstücke in der Suppe erhitzen. Die Suppe mit Schnittlauchröllchen bestreut servieren.

Tipp: Die Suppe mit Krusten- oder Bauernbrot servieren. Die Suppe kann statt mit Fasan auch mit 2 Kaninchenkeulen (je etwa 150 g) zubereitet werden.

Schnell – mit Alkohol

Gurkencremesuppe mit Dill

4 Portionen

Zubereitungszeit: *25 Minuten, ohne Einweichzeit*

Zum Vorbereiten:

2 EL	*Senfkörner*
100 ml	*Weißwein*

Für die Lachsklößchen:

150 g	*gut gekühltes Lachsfilet (ohne Haut und Gräten)*
100 g	*Schlagsahne*
	Salz
etwas	*Zitronensaft*
etwas	*Pernod*

2	*Salatgurken*
1	*Gemüsezwiebel (150 g)*
2 EL	*Butterschmalz*
	Salz
	frisch geriebene Muskatnuss
Saft von 1	*Zitrone*
400 ml	*Fischfond oder Gemüsebrühe*
400 g	*Schlagsahne*
2 TL	*Speisestärke*
3 Stängel	*Dill*

Pro Portion:
E: 14 g, F: 54 g, Kh: 15 g, kJ: 2652, kcal: 634, BE: 0,5

1. Zum Vorbereiten Senfkörner in eine flache Schale geben, mit Wein übergießen und über Nacht einweichen.

2. Für die Klößchen Lachsfilet unter fließendem kalten Wasser abspülen und trocken tupfen. 100 g des Lachsfilets in Würfel schneiden und mit Sahne in einem Zerkleinerer zu einer glatten Masse verarbeiten. Mit Salz, Zitronensaft und etwas Pernod würzen. Restliches Lachsfilet in sehr kleine Würfel schneiden und unter die Lachsmasse heben. Kalt stellen.

3. Gurken abspülen. Von einer Gurke einige dünne Scheiben zum Garnieren abschneiden, halbieren und kühl stellen. Beide Gurken schälen, der Länge nach halbieren, die Kerne mit einem Löffel herausschaben. Gurkenhälften quer in halbe Ringe schneiden. Zwiebel abziehen und in kleine Würfel schneiden.

4. Butterschmalz in einem Topf erhitzen. Zwiebelwürfel darin glasig dünsten. Gurkenringe hinzugeben und kurz mit andünsten. Mit Salz, Muskat und Zitronensaft würzen. Eingeweichte Senfkörner mit dem Wein unterrühren. Fond oder Brühe und Sahne hinzugießen.

5. Die Zutaten zum Kochen bringen und 10–15 Minuten bei schwacher Hitze köcheln lassen. Speisestärke mit 2 Esslöffeln Wasser anrühren, in die kochende Suppe rühren und unter Rühren aufkochen lassen. Suppe warm stellen.

6. Salzwasser in einem Topf zum Kochen bringen. Aus der Lachsmasse mit zwei kalt abgespülten Teelöffeln Klößchen abstechen und in das siedende Salzwasser geben. Lachsklößchen etwa 5 Minuten darin gar ziehen lassen.

7. Dill abspülen und trocken tupfen. Die Spitzen von den Stängeln zupfen, einige zum Garnieren beiseitelegen, restliche Spitzen klein schneiden. Lachsklößchen mit einer Schaumkelle aus dem Wasser nehmen und abtropfen lassen.

8. Lachsklößchen in Suppentassen oder -teller verteilen und mit der Suppe auffüllen, mit geschnittenem Dill bestreuen. Die Suppe mit Gurkenscheiben und den beiseite gelegten Dillspitzen garnieren und sofort servieren.

Kürbissuppe mit Blutwurst

4 Portionen

Zubereitungszeit: *40 Minuten*

750 g	*Kürbis, z. B. Hokkaido*
1	*Zwiebel*
40 g	*Butter oder Margarine*
500 ml (½ l)	*Gemüsebrühe*
200 ml	*Orangensaft*
3–4 Stängel	*Thymian*
100 g	*geräucherter Speck im Stück*
2	*Sternanis*
200 g	*Schlagsahne*
	Salz
	frisch gemahlener Pfeffer
1–2 EL	*Currypulver*
etwas	*gemahlener Kreuzkümmel*
1	*geräucherte, feste Blutwurst (Ø etwa 5 cm, etwa 100 g)*
	Weizenmehl
etwas	*Olivenöl*
60 g	*geschälte Haselnusskerne*
1 EL	*Schnittlauchröllchen*

Pro Portion:
E: 9 g, F: 44 g, Kh: 18 g,
kJ: 2148, kcal: 514, BE: 1,0

1. Kürbis schälen, halbieren und die Kerne mit einem Löffel herauskratzen. Kürbisfleisch in kleine Würfel schneiden. Zwiebel abziehen und in kleine Würfel schneiden.

2. Butter oder Margarine in einem Topf zerlassen. Zwiebel- und Kürbiswürfel darin andünsten. Brühe und Orangensaft hinzugießen.

3. Thymian abspülen und trocken tupfen. Speck, Sternanis und Thymian in die Brühe geben, zum Kochen bringen und etwa 20 Minuten kochen lassen.

4. Speck, Sternanis und Thymian aus der Suppe nehmen. Die Suppe pürieren oder durch ein Sieb streichen.

5. Sahne hinzugießen und nochmals kurz erwärmen. Die Suppe mit Salz, Pfeffer, Curry und Kreuzkümmel abschmecken.

6. Von der Blutwurst den Darm abziehen. Blutwurst in etwa 1 cm dicke Scheiben schneiden und in Mehl wälzen.

7. Olivenöl in einer großen Pfanne erhitzen. Blutwurstscheiben darin von beiden Seiten kurz anbraten. Haselnusskerne hinzufügen und kurz mitbraten lassen.

8. Die Suppe mit Schnittlauchröllchen bestreuen, mit Blutwurstscheiben und Haselnüssen servieren.

Tipp: Vom Speck die Schwarte abschneiden. Den Speck in Streifen schneiden und mit Blutwurst und Haselnüssen anbraten und in die Suppe geben.

Bohneneintopf mit Lammfleisch

6–8 Portionen

Zubereitungszeit: *45 Minuten*

800 g	*Lammfleisch (aus der Keule, ohne Knochen)*
3 EL	*Speiseöl*
	Salz
	frisch gemahlener Pfeffer
1 l	*Gemüsebrühe*
300 g	*kleine Zwiebeln*
2	*Knoblauchzehen*
1 kg	*grüne Bohnen*
500 g	*Kartoffeln*
2	*grüne Paprikaschoten*
2–3 Stängel	*Bohnenkraut*
1–2 EL	*frisch gehackte Petersilie*

Pro Portion:
E: 29 g, F: 10 g, Kh: 16 g, kJ: 1164, kcal: 277, BE: 1,0

1. Lammfleisch unter fließendem kalten Wasser abspülen und trocken tupfen. Das Fleisch in Würfel schneiden.

2. Speiseöl in einem Topf erhitzen, Fleischwürfel darin von allen Seiten gut anbraten, mit Salz und Pfeffer würzen. Etwas Gemüsebrühe hinzufügen, zum Kochen bringen und zugedeckt etwa 45 Minuten garen.

3. Zwiebeln abziehen und halbieren. Knoblauch abziehen und fein würfeln. Zwiebelhälften und Knoblauchwürfel zu den Fleischwürfeln geben.

4. Von den Bohnen die Enden abschneiden. Bohnen evtl. abfädeln, abspülen, abtropfen lassen, in Stücke schneiden oder brechen. Kartoffeln waschen, schälen, abspülen und in Achtel schneiden. Paprika vierteln, entstielen, entkernen und die weißen Scheidewände entfernen. Schoten abspülen, abtropfen lassen und in Streifen schneiden.

5. Die vorbereiteten Zutaten zum vorgegarten Fleisch geben. Bohnenkraut abspülen, abtropfen lassen und ebenfalls hinzufügen.

6. Restliche Brühe hinzugießen. Eintopf zum Kochen bringen und weitere etwa 30 Minuten garen. Mit Salz und Pfeffer abschmecken.

7. Den Bohneneintopf mit Petersilie bestreut servieren.

Tipp: Zu dem Bohneneintopf ein selbst gebackenes **Olivenbrot** reichen. Dafür 20 g schwarze und 100 g grüne Oliven (entsteint) mit etwas Olivenöl und Kräutern marinieren. 250 g Weizenmehl in eine Rührschüssel sieben. In die Mitte eine Vertiefung drücken. ½ Päckchen (21 g) frische Hefe hineinbröckeln. Etwa 20 ml lauwarmes Wasser hinzufügen, mit etwas Mehl verrühren und zugedeckt 10–15 Minuten gehen lassen. 2 Esslöffel Olivenöl, 100 ml warmes Wasser, ½ Teelöffel Brotgewürz und die marinierten Oliven zum Vorteig geben und zu einem glatten Teig verkneten. Teig zu einem runden oder ovalen Brot formen und auf ein Backblech (gefettet) legen. Den Teig zugedeckt so lange an einem warmen Ort gehen lassen, bis er sich sichtbar vergrößert hat. Das Backblech in den vorgeheizten Backofen schieben und das Brot bei Ober-/Unterhitze: etwa 200 °C, Heißluft: etwa 180 °C etwa 30 Minuten backen.

Vegetarischer Gemüse-Eintopf

4 Portionen

Zubereitungszeit: *50 Minuten*

1	*Gemüsezwiebel (300 g)*
500 g	*fest kochende Kartoffeln*
150 g	*Knollensellerie*
300 g	*Möhren*
200 g	*Brechbohnen*
½	*Blumenkohl (400 g)*
3 EL	*Olivenöl*
100 ml	*Weißwein (Riesling)*
500 ml (½ l)	*Gemüsebrühe*
Salz	
	frisch gemahlener Pfeffer
	frisch geriebene Muskatnuss
4	*Stängel Thymian*
6	*Tomaten (300 g)*
2 EL	*gehackte Petersilie*
einige	*vorbereitete Basilikumblätter*
2 EL	*Olivenöl*

Pro Portion:
E: 8 g, F: 14 g, Kh: 27 g,
kJ: 1182, kcal: 281, BE: 1,5

1. Gemüsezwiebel abziehen und in Würfel schneiden. Kartoffeln waschen, schälen, abspülen und in etwa 3 cm große Stücke schneiden. Sellerie und Möhren schälen, abspülen und abtropfen lassen. Sellerie und Möhren in gleich große Stücke schneiden.

2. Die Bohnen evtl. abfädeln und die Enden abschneiden. Bohnen abspülen, abtropfen lassen und 2–3-mal durchbrechen oder -schneiden. Blumenkohl putzen, abspülen, abtropfen lassen und in Röschen teilen.

3. Olivenöl in einem großen Topf erhitzen. Zuerst Zwiebelwürfel darin andünsten. Dann Kartoffel-, Möhren- und Selleriestücke hinzufügen und mit andünsten. Mit Weißwein und Brühe ablöschen und kräftig aufkochen lassen. Mit Salz, Pfeffer und Muskat würzen. Thymian abspülen, trocken tupfen und in den Eintopf geben.

4. Bohnen und Blumenkohlröschen in den Eintopf geben, wieder zum Kochen bringen und zugedeckt etwa 20 Minuten garen.

5. In der Zwischenzeit Tomaten kurz in kochendes Wasser legen, in kaltem Wasser abschrecken, die Haut abziehen. Die Tomaten vierteln, die Stängelansätze entfernen und die Viertel entkernen.

6. Thymian aus dem Eintopf nehmen. Wenn die Kartoffelstücke noch nicht gar sind, den Eintopf weitere 5 Minuten garen.

7. Tomatenviertel hineingeben und kurz im Eintopf erhitzen. Den Eintopf nochmals mit den Gewürzen abschmecken, in eine Terrine füllen und mit Petersilie und Basilikumblättchen bestreuen. Kurz vor dem Servieren mit Olivenöl beträufeln.

Pichelsteiner

4 Portionen

Zubereitungszeit: *40 Minuten*

500 g	*gemischte Fleischsorten aus Schulter oder Nacken (Lamm, Schwein, Rind)*
2	*Zwiebeln*
30 g	*Butterschmalz oder*
3 EL	*Speiseöl, z. B. Sonnenblumenöl*
	Salz
	getrockneter, gerebelter Majoran
	getrockneter, gerebelter Liebstöckel
	frisch gemahlener Pfeffer
500 ml (½ l)	*Gemüsebrühe*
250 g	*Möhren*
375 g	*vorwiegend festkochende Kartoffeln*
350 g	*Porree (Lauch)*
300 g	*Weißkohl*
	frisch geriebene Muskatnuss
2 EL	*gehackte Petersilie*

Pro Portion:
E: 29 g, F: 19 g, Kh: 20 g, kJ: 1549, kcal: 370, BE: 1,0

1. Das Fleisch unter fließendem kalten Wasser abspülen, trocken tupfen und in etwa 2 x 2 cm große Würfel schneiden. Zwiebeln abziehen, eventuell halbieren und in Scheiben schneiden.

2. Butterschmalz oder Speiseöl in einem Topf erhitzen. Die Fleischwürfel darin unter Wenden anbraten. Kurz bevor das Fleisch genügend gebräunt ist, Zwiebelscheiben hinzufügen und kurz mit andünsten. Mit Salz, Majoran, Liebstöckel und Pfeffer würzen. Brühe hinzufügen, zum Kochen bringen und zugedeckt etwa 40 Minuten bei mittlerer Hitze garen.

3. In der Zwischenzeit Möhren putzen, schälen, waschen und abtropfen lassen. Kartoffeln waschen, schälen und abspülen. Möhren und Kartoffeln in Würfel schneiden. Porree putzen, die Stangen längs halbieren, gründlich waschen, abtropfen lassen und in Scheiben schneiden.

4. Von dem Weißkohl die äußeren welken Blätter entfernen, den Kohl vierteln, abspülen, abtropfen lassen und den Strunk herausschneiden. Kohlviertel in schmale Streifen schneiden.

5. Nach Beendigung der Kochzeit Möhren-, Kartoffelwürfel, Porreescheiben und Kohlstreifen hinzufügen, zum Kochen bringen. Mit Salz und Pfeffer würzen, zugedeckt weitere etwa 20 Minuten garen.

6. Den Eintopf nochmals mit Salz, Pfeffer und Muskat abschmecken. Mit Petersilie bestreut servieren.

Tipp: Der Eintopf ist gefriergeeignet. Verfeinern Sie den Eintopf kurz vor dem Servieren noch mit etwas abgeriebener Bio-Zitronenschale (unbehandelt, ungewachst), Korianderblättchen und 3 Esslöffeln Olivenöl.
Oder servieren Sie den Eintopf mit einem **Schnittlauch-Pinienkern-Dip**. Dafür 1 Bio-Zitrone (unbehandelt, ungewachst) heiß abwaschen, abtrocknen und die Schale abreiben. 2 Esslöffel Schnittlauchröllchen mit 2 Esslöffeln gerösteten und gehackten Pinienkernen, 100 g Crème fraîche und Zitronenschale verrühren. Mit Salz und Pfeffer abschmecken.

Wirsingeintopf mit Mettwurst, Kümmel und Birnen

4 Portionen

Zubereitungszeit: *40 Minuten*

½ Kopf	*Wirsingkohl (600 g)*
1	*Gemüsezwiebel (150 g)*
100 g	*Frühstücksspeck*
2	*Möhren*
2	*festkochende Kartoffeln*
1 EL	*Kümmelsamen*
3 EL	*Butter*
800 ml	*Geflügelbrühe*
	Salz
	frisch gemahlener Pfeffer
	frisch geriebene Mukatnuss
2	*Birnen*
2 EL	*Zucker*
2 cl	*Birnenschnaps*
4	*kleine geräucherte Mettwürste (je etwa 100 g)*
6 Stängel	*Thymian*

Pro Portion:
E: 27 g, F: 56 g, Kh: 31 g, kJ: 3104, kcal: 746, BE: 2,0

1. Von dem Wirsing die groben, äußeren Blätter entfernen. Den Wirsing halbieren und den Strunk herausschneiden. Wirsingstücke abspülen, abtropfen lassen und in Rauten schneiden.

2. Gemüsezwiebel abziehen, halbieren und in kleine Würfel schneiden, Frühstücksspeck ebenfalls klein würfeln. Möhren putzen, schälen, abspülen, abtropfen lassen. Kartoffeln waschen, schälen, abspülen. Möhren und Kartoffeln in Würfel schneiden. Kümmel und etwas Butter auf das Schneidbrett geben, Kümmel fein hacken.

3. Restliche Butter in einem großen Topf zerlassen. Speck- und Zwiebelwürfel darin andünsten. Kümmelbutter, Möhren- und Kartoffelwürfel hinzufügen und kurz andünsten. Brühe hinzugießen, mit Salz, Pfeffer und Muskat würzen. Die Brühe kräftig aufkochen lassen. Wirsingrauten hinzufügen, wieder zum Kochen bringen und zugedeckt bei mittlerer Hitze etwa 30 Minuten garen.

4. In der Zwischenzeit Birnen schälen, vierteln, die Kerngehäuse entfernen, Viertel in Würfel schneiden. Zucker in einer Pfanne hellbraun karamellisieren lassen, Birnenwürfel hinzugeben, darin schwenken, mit Birnenschnaps ablöschen und warm halten.

5. Mettwurst in Scheiben schneiden. Thymian abspülen und trocken tupfen. Die Blättchen von den Stängeln zupfen.

6. Mettwurstscheiben und Thymian zum Eintopf geben und kurz erhitzen. Den Eintopf mit den Gewürzen abschmecken.

7. Kurz vor dem Servieren die Birnenwürfel unterrühren.

Eintopf mit Putenfleisch

4-6 Portionen

Zubereitungszeit: *50 Minuten*

2	*Putenunterkeulen*
1½ l	*Salzwasser*
500 g	*festkochende Kartoffeln*
350 g	*Möhren*
½ Kopf	*Wirsingkohl (etwa 400 g)*
1	*kleiner Blumenkohl (500 g)*
	Salz
	frisch gemahlener Pfeffer
	gekörnte Hühnerbrühe (Instant)
½ Bund	*glatte Petersilie*

Pro Portion:
E: 30 g, F: 11 g, Kh: 18 g,
kJ: 1238, kcal: 296, BE: 1,0

1. Putenunterkeulen unter fließendem kalten Wasser abspülen und trocken tupfen. Salzwasser in einem Topf zum Kochen bringen. Putenunterkeulen hinzugeben, wieder zum Kochen bringen und abschäumen. Die Keulen bei schwacher Hitze etwa 1 Stunde garen.

2. Kartoffeln waschen, schälen, abspülen, abtropfen lassen. Möhren schälen, abspülen, ebenfalls abtropfen lassen. Kartoffeln und Möhren in Würfel schneiden.

3. Vom Wirsing die groben, äußeren Blätter entfernen. Den Wirsing halbieren, den Strunk herausschneiden. Wirsingstücke abspülen, abtropfen lassen und in Streifen schneiden. Blumenkohl putzen, in Röschen teilen, abspülen und abtropfen lassen.

4. Die Putenunterkeulen aus der Brühe nehmen und etwas abkühlen lassen. Kartoffel- und Möhrenwürfel, Wirsingstreifen und Blumenkohlröschen in die Brühe geben, zum Kochen bringen und zugedeckt bei schwacher Hitze etwa 20 Minuten garen.

5. Von den Putenkeulen die Haut abziehen, das Fleisch von Knochen und Sehnen lösen, in Stücke schneiden. Nach Ende der Garzeit die Fleischstücke in den Eintopf geben und erhitzen. Mit Salz, Pfeffer und Hühnerbrühe würzen.

6. Petersilie abspülen und trocken tupfen. Die Blättchen von den Stängeln zupfen. Blättchen in feine Streifen schneiden und in den Eintopf geben.

Tipp: Den Eintopf mit Speckstreifen belegt servieren. Dafür etwas Butterschmalz in einer Pfanne erhitzen. Streifen von geräuchertem Schwarzwälder Schinkenspeck hinzugeben und kross anbraten. Den Eintopf können Sie statt mit Blumenkohl auch mit Schwarzwurzeln zubereiten.

Saiblingsfilets in Rieslingsauce auf Gurken-Rahm-Gemüse

4 Portionen

Zubereitungszeit: *60 Minuten, ohne Einweichzeit*

Für das Gurken-Rahm-Gemüse:

1 EL	Senfkörner
100 ml	Weißwein
2	Salatgurken
1 gestr. EL	Salz
2	Schalotten
50 g	Butter
20 g	Weizenmehl
100 ml	Milch
100 ml	Gemüsebrühe
	Salz, frisch gemahlener Pfeffer
	frisch geriebene Muskatnuss

Für die Rieslingsauce:

1	Schalotte
20 g	Butter
200 ml	trockener Weißwein (Riesling)
100 ml	Fischfond
100 g	Schlagsahne
40 g	kalte Butter

4	Saiblingfilets (je 150–180 g, ohne Haut und Gräten)
	Salz
	frisch gemahlener Pfeffer
etwas	Weizenmehl
1	Ei (Größe M)
20 g	geriebener Parmesan-Käse
30 g	Schlagsahne
20 g	Weizenmehl
4	Stängel Thymian
2 EL	Butterschmalz

evtl. einige	Majoranzweige zum Garnieren

Pro Portion:
E: 38 g, F: 49 g, Kh: 14 g, kJ: 2996, kcal: 715, BE: 1,0

1. Für das Gurkengemüse Senfkörner in eine kleine Schüssel geben, mit Wein übergießen und etwa 1 Stunde einweichen.

2. Gurken schälen, halbieren und die Kerne mit einem Löffel herauskratzen. Die Gurkenhälften nochmals der Länge nach halbieren und quer in etwa 2 cm breite Stücke schneiden. Gurkenstücke mit Salz mischen, in ein Sieb geben und etwa 1 Stunde abtropfen lassen.

3. Schalotten abziehen und in kleine Würfel schneiden. Butter in einem Topf zerlassen, Schalottenwürfel darin andünsten. Mehl hinzufügen und unter Rühren kurz anschwitzen. Eingelegte Senfkörner mit dem Wein, Milch und Brühe hinzugeben, zum Kochen bringen und etwa 15 Minuten bei schwacher Hitze kochen, gelegentlich umrühren.

4. Für die Rieslingsauce die Schalotte abziehen und in Würfel schneiden. Butter in einer Pfanne zerlassen, Schalottenwürfel darin glasig dünsten. Wein hinzugießen, zum Kochen bringen und um die Hälfte einkochen lassen. Fischfond hinzugeben und nochmals um die Hälfte einkochen lassen. Sahne unterrühren. Die Sauce aufkochen lassen. Mit Salz und Pfeffer abschmecken. Die Sauce warm halten.

5. Abgetropfte Gurken mit Küchenpapier trocken tupfen, in die vorbereitete Rahmsauce geben, aufkochen und mit Salz, Pfeffer und Muskat abschmecken. Gurkengemüse warm halten.

6. Saiblingfilets unter fließendem kalten Wasser abspülen, trocken tupfen und mit Salz und Pfeffer würzen. Filets von beiden Seiten leicht mit Mehl bestäuben.

7. Ei in eine Schüssel geben, Parmesan-Käse, Sahne und Mehl hinzugeben. Thymian abspülen und trocken tupfen. Die Blättchen von den Stängeln zupfen, klein schneiden und ebenfalls hinzufügen. Die Zutaten gut verrühren, evtl. etwas Wasser hinzufügen. Mit Salz und Pfeffer würzen.

8. Die Saiblingfilets in der Ei-Käse-Masse wenden. Butterschmalz in einer Pfanne erhitzen. Saiblingfilets darin bei schwacher Hitze von jeder Seite etwa 4 Minuten braten.

9. Das Gurkengemüse unter Rühren kurz erhitzen. Gurkengemüse auf vorgewärmte Teller verteilen, Saiblingfilets darauflegen und evtl. mit Majoranzweigen garnieren.

10. Die Rieslingsauce nochmals kurz erhitzen und von der Kochstelle nehmen. Kalte Butter in Würfel schneiden, mit einem Pürierstab nach und nach unter die heiße Sauce arbeiten. Die Rieslingsauce dazu servieren.

Raffiniert – mit Alkohol

Wels im Kartoffelrösti

4 Portionen

Zubereitungszeit: *60 Minuten*

Für die Kartoffelkruste:

750 g Kartoffeln
1 Ei (Größe M)
Salz
frisch gemahlener Pfeffer
frisch geriebene Muskatnuss

4 Welsfilets (je etwa 120 g)
30 g Weizenmehl

200–300 g Frittierfett

Für die Senfmousseline:

3 Eigelb (Größe M)
4 EL trockener Weißwein
4 EL Fischfond oder -brühe
80 g kalte Butter
125 g Schlagsahne
1 EL mittelscharfer Senf
1 EL scharfer Senf
1–2 EL Zitronensaft
1 Prise Zucker

Zitronenspalten von
1 Bio-Zitrone (unbehandelt, ungewachst)
grobes Meersalz
einige Stängel Thymian

Pro Portion:
E: 30 g, F: 53 g, Kh: 29 g, kJ: 3069, kcal: 733, BE: 2,5

1. Für die Kartoffelkruste Kartoffeln waschen, schälen, abspülen, abtropfen lassen und auf einer Haushaltsreibe reiben. Kartoffelmasse gut ausdrücken und in eine Schüssel geben, mit Ei verrühren, mit Salz, Pfeffer und Muskat würzen.

2. Die Welsfilets unter fließendem kalten Wasser abspülen, trocken tupfen und mit Salz und Pfeffer bestreuen.

3. Frittierfett in einer hohen Pfanne oder in einer Fritteuse auf etwa 180 °C erhitzen. Die Welsfilets zuerst in Mehl wenden, dann in die Kartoffelmasse geben. Kartoffelmasse ringsum dünn andrücken. Filets in der Pfanne oder Fritteuse schwimmend etwa 5 Minuten braun und knusprig backen, dabei gelegentlich wenden.

4. Welsfilets mit einem Schaumlöffel herausnehmen, auf Küchenpapier legen, abtropfen lassen und auf einer vorgewärmter Platte warm stellen.

5. Für die Senfmousseline Eigelb mit Wein und Fischfond oder -brühe im heißen Wasserbad zu einer cremigen Masse aufschlagen (nicht kochen lassen!). Dann die Schüssel aus dem Wasserbad nehmen. Nach und nach Butter unter die Masse schlagen.

6. Sahne steifschlagen und unterheben. Die Mousseline mit Senf, Salz, Pfeffer, Zitronensaft und Zucker abschmecken. Thymian abspülen und trocken tupfen.

7. Die Filets auf vorgewärmte Teller verteilen, etwas von der Senfmousseline dazugeben und mit Zitronenspalten und Thymian garnieren. Restliche Senfmousseline dazu servieren.

Tipp: Nach Belieben einen gemischten Salat dazu servieren.

Etwas teurer

Kross gebratenes Zanderfilet und warmer Stangenspargel mit Traubenkernöl

4 Portionen

Zubereitungszeit: *45 Minuten*

1 kg	*weißer Spargel*
	Salz
	Zucker
1–2 EL	*Zitronensaft*
150 g	*Tomaten*
600 g	*Zanderfilet mit Haut (ohne Gräten)*
1 EL	*Zitronensaft*
	Salz
	frisch gemahlener Pfeffer
etwas	*Weizenmehl*
4 Stängel	*Thymian*
1 EL	*Butterschmalz*
1 EL	*Butter*
4 EL	*Traubenkernöl*
2 EL	*Schnittlauchröllchen*
4 EL	*fein geriebener Parmesan-Käse*
einige Zweige	*abgespülter Kerbel zum Garnieren*

Pro Portion:
E: 38 g, F: 22 g, Kh: 6 g, kJ: 1562, kcal: 373, BE: 0

1. Den Spargel von oben nach unten schälen. Darauf achten, dass die Schalen vollständig entfernt, die Köpfe aber nicht verletzt werden.

2. Wasser mit Salz, Zucker und Zitronensaft in einem Topf zum Kochen bringen. Spargelstangen hinzufügen, zum Kochen bringen und zugedeckt in etwa 12 Minuten gar kochen lassen.

3. Tomaten kurz in kochendes Wasser legen und in kaltem Wasser abschrecken. Tomaten enthäuten, vierteln und die Stängelansätze herausschneiden. Die Tomatenviertel entkernen und in Würfel schneiden.

4. Zanderfilet unter fließendem kalten Wasser abspülen, trocken tupfen und in 8 gleich große Stücke schneiden. Zanderfiletstücke auf der Innenseite mit Zitronensaft beträufeln und mit Salz und Pfeffer würzen. Die Hautseite jeweils mit etwas Mehl bestäuben. Thymianstängel abspülen und trocken tupfen.

5. Butterschmalz und Butter in einer großen Pfanne erhitzen. Zanderfiletstücke mit der Hautseite hineinlegen, Thymianstängel hinzufügen. Zanderfiletstücke auf der Hautseite so lange braten, bis das Fischfleisch noch etwas glasig ist. Dann die Zanderfiletstücke umdrehen und noch kurz auf der Fleischseite braten.

6. Den Spargel abtropfen lassen. Spargel und Zander auf vorgewärmten Tellern oder Platten anrichten. Spargel mit Traubenkernöl beträufeln und mit Schnittlauchröllchen, Tomatenwürfeln und Parmesan-Käse bestreuen. Mit Kerbel garnieren.

Tipp: Servieren Sie hierzu eine **Tomatenschaumsauce**. Dafür 12 reife Strauchtomaten abspülen, abtropfen lassen und die Stängelansätze entfernen. Die Tomaten in Stücke schneiden und mit einem Mixstab fein pürieren. Die Püreemasse in einem Topf aufkochen lassen und anschließend durch ein feines Tuch in einen anderen Topf gießen. Den Tomatensaft um die Hälfte einkochen lassen, dann 200 g Schlagsahne unterrühren. Wieder zum Kochen bringen und nochmals etwas einkochen lassen. Den Topf von der Kochstelle nehmen. 80 g eiskalte Butter in kleinen Stücken mit einem Mixstab unter die Sauce schlagen. Mit Salz und etwas Zucker abschmecken. 2 Thymian- und Rosmarinstängel abspülen, trocken tupfen und in die Sauce geben. Etwa 30 Minuten ziehen lassen. Dann die Sauce durch ein Sieb streichen. 2 Esslöffel geschlagene Schlagsahne hinzufügen und mit dem Mixstab aufschäumen.

Einfach

Heilbuttwürfel auf Suppengrün

4 Portionen

Zubereitungszeit: *45 Minuten, ohne Auftauzeit*

600 g	*Heilbuttfilet (TK oder frisch) evtl. anderer weißfleischiger Fisch, z. B. Seezunge oder Scholle*
2 Bund	*Suppengrün (750 g, z. B. Sellerie, Porree [Lauch], Möhren)*
1 Bund	*Kerbel*
300 ml	*Fischfond oder Gemüsebrühe*
	Salz
	frisch gemahlener Pfeffer
50 g	*weiche Butter*
1–2 EL	*Zitronensaft*
einige Zweige	*Zitronenthymian*

Pro Portion:
E: 33 g, F: 13 g, Kh: 6 g, kJ: 1172, kcal: 281, BE: 0

1. TK-Heilbuttfilet nach Packungsanleitung auftauen lassen. Heilbutt unter fließendem kalten Wasser abspülen, trocken tupfen und in etwa 3 x 3 cm große Würfel schneiden.

2. Vom Suppengrün Sellerie und Möhren schälen und abspülen. Möhren längs in dünne Scheiben, Sellerie in dünne Scheiben schneiden, dann beides in Rauten schneiden. Porree längs halbieren, gründlich waschen, trocken tupfen und schräg in Stücke schneiden. Kerbel abspülen und trocken tupfen. Die Blättchen von den Stängeln zupfen.

3. Fond oder Brühe in einem Topf erhitzen, mit Salz und Pfeffer würzen. Kerbelblättchen und das vorbereitete Gemüse hinzugeben, zum Kochen bringen und zugedeckt etwa 10 Minuten dünsten.

4. Heilbuttwürfel auf das Gemüse legen und zugedeckt bei schwacher Hitze etwa 8 Minuten gar ziehen lassen. Butter unter das Gemüse rühren, mit Salz und Zitronensaft abschmecken.

5. Zitronenthymian abspülen und trocken tupfen. Heilbuttwürfel auf Suppengrün mit Thymianzweigen garnieren.

Beilage: Salzkartoffeln.

Tipp: Der Fisch kann auch im Backofen gegart werden. Dann die Heilbuttwürfel auf das Gemüse legen und im geschlossenen Topf im vorgeheizten Backofen bei Ober-/Unterhitze: etwa 200 °C, Heißluft: etwa 180 °C 10–15 Minuten garen.
Heilbuttwürfel mit **Safrankartoffeln** servieren. Dafür 12 kleine Kartoffeln gründlich waschen. Mit Salzwasser bedecken, 1 Lorbeerblatt hinzugeben, zum Kochen bringen und 15–20 Minuten garen. Kartoffeln abgießen, abdämpfen, pellen und halbieren. 1 Esslöffel Butter in einer Pfanne zerlassen. Etwa 5 Safranfäden hinzugeben. Kartoffelhälften darin schwenken. Die Safrankartoffeln salzen und mit 1 Esslöffel klein geschnittenen Dillspitzen bestreut servieren.

Ganze Forelle in der Folie gegart, mit Pfifferlings-Pfirsich-Salat

6 Portionen

Zubereitungszeit: *60 Minuten*

Für die Kräuter-Mayonnaise:

1	sehr frisches Eigelb (Größe M)
1 TL	mittelscharfer Senf
je 100 ml	Olivenöl und Speiseöl
1 Pck. oder Bund	Grüne Sauce Kräuter (z. B. Petersilie, Dill, Schnittlauch, Kerbel, Estragon, Pimpinelle)
150 g	Schmand (Sauerrahm)
	Salz, frisch gemahlener Pfeffer
2–3 TL	Zitronensaft

Für den Pfifferlings-Pfirsich-Salat:

500 g	frische Pfifferlinge
2	Schalotten
4 Stängel	Thymian
4	mittelgroße Pfirsiche
6 EL	Olivenöl
8 cl	Sherry
1 TL	milder Senf
4 EL	weißer Balsamico-Essig
2 EL	gehackte glatte Petersilie

2	ganze Forellen (küchenfertig, 800–1000 g)
	grobes Meersalz
	frisch gemahlener Pfeffer
1	Bio-Zitrone (unbehandelt, ungewachst)
10	frische Holunderblüten oder
1 kleines Bund	Thymian
2 EL	Olivenöl

einige Zweige	Thymian
einige	Pfirsichspalten

Pro Portion:
E: 24 g, F: 53 g, Kh: 13 g, kJ: 2675, kcal: 639, BE: 1,0

1. Für die Kräuter-Mayonnaise Eigelb mit Senf in einer Rührschüssel mit einem Schneebesen oder mit Handrührgerät mit Rührbesen zu einer dicklichen Masse aufschlagen. Beide Öle in Mengen von 1–2 Esslöffeln nach und nach darunter schlagen. Kräuter abspülen und trocken tupfen. Die Blättchen von den Stängeln zupfen. Blättchen klein, Schnittlauch in Röllchen schneiden. Kräuter und Schmand unter die Mayonnaise rühren. Mit Salz, Pfeffer und Zitronensaft abschmecken. Kühl stellen.

2. Für den Salat Pfifferlinge putzen, mit Küchenpapier abreiben, eventuell kurz abspülen und trocken tupfen. Schalotten abziehen und in kleine Würfel schneiden. Thymian abspülen, trocken tupfen, die Blättchen abzupfen. Pfirsiche kurz in kochendes Wasser legen und in kaltem Wasser abschrecken. Die Haut abziehen. Pfirsiche halbieren, entsteinen und in 1 x 1 cm große Würfel schneiden.

3. Den Backofen vorheizen. Forellen von innen und außen unter fließendem kalten Wasser abspülen und trocken tupfen. Von innen und außen mit Salz und Pfeffer würzen.

4. Zitrone heiß abwaschen, abtrocknen und die Schale abreiben. Holunderblüten oder Thymian vorsichtig abspülen und trocken tupfen.

5. Zwei Bögen Alufolie mit etwas Olivenöl bestreichen. Zitronenschale, Holunderblüten oder Thymian darauf verteilen. Die Forellen darauflegen, mit restlichem Olivenöl beträufeln. Alufolie zu Päckchen falten und von allen Seiten gut verschließen. Die Forellenpäckchen auf ein Backblech legen. Das Backblech in den vorgeheizten Backofen schieben.

Ober-/Unterhitze: etwa 180 °C
Heißluft: etwa 160 °C
Garzeit: 20–25 Minuten.

6. Für den Salat 4 Esslöffel Olivenöl in einer großen Pfanne erhitzen. Pfifferlinge hinzufügen und unter mehrmaligem Wenden darin anbraten. Schalottenwürfel und Thymian zu den Pfifferlingen geben. Mit Salz und Pfeffer würzen.

7. Pfirsichwürfel unter die Pfifferlinge heben, kurz erhitzen, mit Sherry ablöschen und in eine Schüssel geben. Senf mit einem Kochlöffel unterrühren. Den Salat mit Essig, Salz, Pfeffer und restlichem Öl abschmecken. Mit Petersilie bestreuen.

8. Forellen aus der Folie nehmen, filetieren und mit dem Salat auf vorgewärmten Tellern anrichten. Mit Thymian und Pfirsichspalten garnieren, mit Kräuter-Mayonnaise servieren.

Variante: Sie können die Forellen auch auf dem heißen Holzkohlengrill von jeder Seite etwa 10 Minuten garen.

Für Gäste – mit Alkohol

Lachs mit Mangold und Zitronen-Weißwein-Sauce

4 Portionen

Zubereitungszeit: *60 Minuten*

Für das Mangoldgemüse:

3	*Schalotten*
2 Stauden	*Mangold*
3 EL	*Butter*
	Salz
	frisch gemahlener Pfeffer
200 ml	*Geflügelbrühe*
200 g	*Schlagsahne*
1 EL	*Weizenmehl*
2 EL	*gehobelte, geröstete Mandeln*

Für die Zitronen-Weißwein-Sauce:

1	*Schalotte*
	Schale und Saft von
1	*Bio-Zitrone (unbehandelt, ungewachst)*
100 ml	*trockener Weißwein*
100 ml	*Fisch- oder Geflügelfond*
200 g	*Schlagsahne*
50 g	*kalte Butter*
	Salz
	frisch gemahlener Pfeffer
	Zucker

600 g	*Lachsfilet (ohne Haut und Gräten)*
	Salz
	frisch gemahlener Pfeffer
4 Stängel	*Thymian*
2 EL	*Butter*
100 ml	*Weißwein*

Pro Portion:
E: 34 g, F: 68 g, Kh: 11 g, kJ: 3438, kcal: 822, BE: 0,5

1. Für das Gemüse Schalotten abziehen, halbieren und in dünne, halbe Ringe schneiden. Mangold putzen. Die weißen Stiele aus den Blättern schneiden. Mangoldblätter und -stiele getrennt voneinander abspülen und abtropfen lassen. Mangoldstiele abziehen. Mangoldblätter und -stiele jeweils in feine Streifen schneiden.

2. Zwei Esslöffel von der Butter in einem Topf zerlassen. Schalotten darin andünsten. Die Mangoldstiele hinzugeben. Mit Salz und Pfeffer würzen. Brühe und Sahne hinzugießen und aufkochen lassen. Mangoldstiele etwa 10 Minuten bei schwacher Hitze garen.

3. Restliche Butter mit Mehl verkneten, zu den Mangoldstielen geben und aufkochen. Gemüse warm halten.

4. Mangoldblätter in kochendem Salzwasser etwa 2 Minuten blanchieren, in eiskaltem Wasser abschrecken und in einem Sieb abtropfen lassen.

5. Für die Zitronen-Weißwein-Sauce Schalotte abziehen und in Würfel schneiden. Zitrone heiß abwaschen, abtrocknen und die Schale abreiben. Die Zitrone auspressen. Butter in einem Topf zerlassen. Schalottenwürfel darin andünsten. Die Hälfte der Zitronenschale hinzufügen. Mit Wein und Zitronensaft ablöschen, zum Kochen bringen und um die Hälfte einkochen lassen. Fond hinzugießen und nochmals um die Hälfte einkochen lassen. Sahne unterrühren. Mit Salz, Pfeffer und Zucker würzen und nochmals aufkochen. Warm halten.

6. Lachsfilet unter fließendem kalten Wasser abspülen, trocken tupfen, in vier gleich große Stücke schneiden und mit Salz und Pfeffer würzen.

7. Thymian abspülen und trocken tupfen. Butter, Wein und Thymian in einer Pfanne erhitzen. Lachsfiletstücke hinzugeben. Die Pfanne mit einem Deckel verschließen. Die Filetstücke etwa 5 Minuten bei mittlerer Hitze garen. Die Filetstücke dürfen in der Mitte noch etwas glasig sein.

8. Blanchierte Mangoldblätter zum Mangoldgemüse geben und aufkochen. Das Gemüse auf einer vorgewärmten Platte verteilen und mit Mandeln bestreuen. Lachsstücke darauflegen und mit restlicher Zitronenschale garnieren.

9. Zitronen-Weißwein-Sauce nochmals kurz erhitzen. Sauce von der Kochstelle nehmen, kalte Butter in Würfel schneiden und kurz vor dem Servieren mit einem Pürierstab nach und nach unter die heiße Sauce rühren. Die Sauce über die Lachsstücke gießen. Sofort servieren.

Zander nach Badischer Art

4 Portionen

Zubereitungszeit: *30 Minuten*

600 g	*Zanderfilet (ohne Haut und Gräten)*
2	*Schalotten*
2 EL	*Butter*
100 ml	*Fisch- oder Gemüsefond*
100 ml	*Weißwein*
150 g	*Schlagsahne*
	Salz
	frisch gemahlener weißer Pfeffer
1 TL	*Speisestärke*
8	*große Champignons*
2 EL	*steif geschlagene Schlagsahne*
2 EL	*klein geschnittener Dill*

Pro Portion:
E: 34 g, F: 23 g, Kh: 3 g, kJ: 1592, kcal: 380, BE: 0,5

1. Zanderfilet unter fließendem kalten Wasser abspülen, trocken tupfen, in 8 gleich große Stücke schneiden und kalt stellen.

2. Schalotten abziehen und in kleine Würfel schneiden. Butter in einem großen Topf zerlassen, Schalottenwürfel hinzugeben und glasig dünsten. Fond und Wein hinzugießen, zum Kochen bringen und etwa um ein Drittel einkochen lassen, Sahne unterrühren, wieder zum Kochen bringen und nochmals etwas einkochen lassen. Mit Salz und Pfeffer gut würzen. Speisestärke mit etwas Wasser anrühren, in die Sauce rühren und kurz aufkochen lassen. Die Sauce sollte nur leicht gebunden sein.

3. Die vorbereiteten Zanderstücke in die Sauce legen und bei schwacher Hitze etwa 10 Minuten garen.

4. Champignons putzen und die Stiele entfernen. Champignonköpfe mit Küchenpapier abreiben, eventuell abspülen, abtropfen lassen und in Würfel schneiden. Nach etwa 5 Minuten Garzeit die Champignonwürfel zu den Zanderfiletstücken geben und mitgaren lassen.

5. Die Zanderfiletstücke aus der Sauce nehmen und auf einem vorgewärmten Teller anrichten.

6. Die Sauce mit Sahne und Dill verfeinern und auf den Zanderfiletstücken verteilen.

Tipp: Dazu passen sehr gut Blattspinat und in Lorbeerwasser gekochte Salzkartoffeln. (2 Lorbeerblätter auf 300 g geschälte Kartoffeln).

Gedämpfte Lachsforelle mit Kapernbutter und Rucola

4 Portionen
(Dämpfeinsatz Ø 24 cm, mit Butter ausgestrichen)

Zubereitungszeit: *50 Minuten*

Für das Rucolagemüse:

2	Schalotten
4 Bund	Rucola (Rauke)
2 EL	Traubenkernöl
2 EL	Butter
	Salz
	frisch geriebene Muskatnuss
600 g	Lachsforellenfilet (ohne Haut und Gräten)
	Salz
	frisch gemahlener Pfeffer
4	Lorbeerblätter
4 Stängel	Thymian

Für die Kapernbutter:

1	Apfel (z. B. Boskop)
1 EL	Butterschmalz
2 EL	Kapern
2 EL	Kapernsud
4–5 EL	Weißwein
100 g	kalte Butter
	Zucker

Pro Portion:
E: 33 g, F: 45 g, Kh: 6 g, kJ: 2376, kcal: 568, BE: 0,5

1. Für das Rucolagemüse Schalotten abziehen und in kleine Würfel schneiden. Rucola verlesen und die dicken Stängel abschneiden. Rucola waschen und trocken tupfen oder trocken schleudern.

2. Forellenfilet unter fließendem kalten Wasser abspülen, trocken tupfen. Forellenfilet in 8 gleich große Stücke schneiden, mit Salz und Pfeffer würzen, mit je ½ Lorbeerblatt spicken und in den Dämpfeinsatz legen. Thymian abspülen, trocken tupfen, in kleine Zweige teilen und auf die Forellenfiletstücke verteilen.

3. Für die Kapernbutter Apfel schälen, vierteln, entkernen und in kleine Würfel schneiden. Butterschmalz in einem kleinen Topf erhitzen, Apfelwürfel darin glasig dünsten. Kapern hinzufügen. Mit Kapernsud und Wein ablöschen. Die Zutaten zum Kochen bringen und etwas einkochen lassen.

4. Für die Forellenfilets einen Topf etwa 3 cm hoch mit Wasser füllen. Das Wasser zum Kochen bringen. Den Einsatz mit den Forellenfilets in den Topf hängen und mit dem Deckel verschließen. Forellenfilets etwa 8 Minuten dämpfen.

5. Für das Rucolagemüse Traubenkernöl und Butter in einer großen Pfanne erhitzen, Schalottenwürfel darin etwa 5 Minuten dünsten.

6. Für die Kapernbutter die Butter in kleinen Stücken zu den Apfelwürfeln geben und bei schwacher Hitze darin schwenken, damit die Butter den Sud bindet. Nicht mehr kochen lassen! Mit Salz, Zucker und Pfeffer abschmecken.

7. Rucola zu den angedünsteten Schalottenwürfeln geben, zusammenfallen lassen. Mit Salz und Pfeffer würzen.

8. Rucolagemüse auf 4 vorgewärmte Teller geben. Die Forellenfilets ohne Thymian und Lorbeer portionsweise darauflegen, mit der Kapernbutter begießen und sofort servieren.

Geschmorte Kalbshaxe in Rotwein-Zwiebel-Sauce

4–6 Portionen

Zubereitungszeit: *70 Minuten*

1	*Zwiebel*
2	*Möhren*
300 g	*Sellerie*
1 Stange	*Porree (Lauch)*
je 3 Stängel	*Thymian und Rosmarin*
2	*Knoblauchzehen*
1	*Kalbshaxe (etwa 2,5 kg)*
	Salz
	frisch gemahlener Pfeffer
40 g	*Butterschmalz*
2	*Lorbeerblätter*
1 EL	*weiße Pfefferkörner*
2 EL	*Tomatenmark*
250 ml (¼ l)	*Rotwein*
1l	*Geflügelbrühe*
4	*rote Zwiebeln*
500 ml (½ l)	*Rotwein*
1–2 EL	*Zucker*
60 g	*kalte Butter*

Pro Portion:
*E: 69 g, F: 32 g, Kh: 14 g,
kJ: 2971, kcal: 711, BE: 1,0*

1. Zwiebel abziehen. Möhren und Sellerie putzen, schälen, abspülen, abtropfen lassen. Porree putzen, die Stange längs halbieren, gründlich waschen und abtropfen lassen. Das vorbereitete Gemüse in walnussgroße Stücke schneiden. Thymian und Rosmarin abspülen und trocken tupfen. Knoblauch abziehen.

2. Kalbshaxe unter fließendem kalten Wasser abspülen und trocken tupfen. Mit Salz und Pfeffer einreiben. Butterschmalz in einem Bräter erhitzen. Die Haxe darin von allen Seiten anbraten und herausnehmen. Zwiebel, Möhren- und Selleriestücke in den Bräter geben und in dem verbliebenen Bratfett unter mehrmaligem Wenden anbraten. Porreestücke hinzufügen und ebenfalls anbraten. Lorbeerblätter, Pfefferkörner, Tomatenmark, Kräuter und Knoblauch zum angebratenen Gemüse geben, kurz anrösten.

3. Das Gemüse mit so viel Rotwein und Geflügelbrühe ablöschen, dass es etwa halbhoch in Rotwein-Geflügel-Brühe liegt. Das Ganze bei starker Hitze einkochen lassen, bis die Flüssigkeit verdampft ist. Den Backofen vorheizen. Das Gemüse ein zweites Mal kurz rösten. Wieder die gleiche Menge Rotwein und Geflügelbrühe angießen und einkochen lassen. Gemüse nochmals anrösten. Restlichen Wein und restliche Geflügelbrühe hinzugeben und aufkochen.

4. Die Kalbshaxe auf das Gemüse legen. So viel Wasser hinzugießen, dass die Haxe zur Hälfte bedeckt ist. Den Bräter auf dem Rost in den vorgeheizten Backofen schieben.

Ober-/Unterhitze: etwa 160 °C
Garzeit: 2 ½ – 3 Stunden.

5. Zwiebeln abziehen und in kleine Würfel schneiden, mit Rotwein, etwas Salz, Pfeffer und Zucker in einen Topf geben und aufkochen. So lange im offenen Topf kochen lassen, bis keine Flüssigkeit mehr vorhanden ist. Den Topf von der Kochstelle nehmen.

6. Die gare Haxe (Gabelprobe, das Fleisch lässt sich leicht vom Knochen lösen) herausnehmen und zugedeckt warm halten. Den Bratensud durch ein feines Sieb in einen Topf gießen. Den Sud um die Hälfte einkochen lassen. Die Zwiebelmasse zum Haxensud geben und aufkochen. Die Sauce mit Salz und Pfeffer abschmecken. Topf von der Kochstelle nehmen. Butter in kleinen Stücken in die Sauce rühren. Die Haxe mit der Sauce servieren.

Beilage: Schneidebohnen.

Tipp: Die Kalbshaxe möglichst nicht bei Heißluft garen. Das Fleisch schmeckt besser, wenn es bei Ober-/Unterhitze gegart wurde.

Raffiniert – für Gäste – mit Alkohol

Filetspitzen vom Kalb mit Waldpilzen

4 Portionen

Zubereitungszeit: *40 Minuten*

2	*Schalotten*
½ Bund	*Schnittlauch*
½ Bund	*glatte Petersilie*
1–2 TL	*eingelegter, grüner Pfeffer*
150 g	*Tomaten*
150 g	*Waldpilze, z. B. Pfifferlinge oder Steinpilze*
150 g	*Champignons*
500 g	*Kalbsfiletspitzen*
2 EL	*Butterschmalz*
	Salz
	frisch gemahlener Pfeffer
125 ml	*Kalbsfond oder -brühe*
8 cl	*Calvados (oder Apfelschnaps)*
150 g	*Crème fraîche*

Pro Portion:
E: 29 g, F: 26 g, Kh: 4 g, kJ: 1768, kcal: 423, BE: 0

1. Schalotten abziehen und in Würfel schneiden. Schnittlauch und Petersilie abspülen und trocken tupfen. Schnittlauch in Röllchen schneiden. Petersilienblätter, bis auf einige zum Garnieren, von den Stängeln zupfen und klein schneiden. Pfefferkörner abtropfen lassen und hacken.

2. Tomaten abspülen, kreuzweise einschneiden und einige Sekunden in kochendes Wasser legen. Tomaten kurz in kaltes Wasser legen, enthäuten, halbieren, entkernen und die Stängelansätze herausschneiden. Tomatenhälften in kleine Würfel schneiden.

3. Waldpilze und Champignons putzen, mit Küchenpapier abreiben. Pfifferlinge je nach Größe ganz lassen oder halbieren. Champignons und evtl. Steinpilze in Scheiben schneiden.

4. Filetspitzen kurz unter fließendem kalten Wasser abspülen, trocken tupfen und in dünne Scheiben schneiden.

5. Butterschmalz in einer Pfanne zerlassen. Die Filetscheiben darin portionsweise von beiden Seiten kurz anbraten, mit einer Schaumkelle herausnehmen, mit Salz und Pfeffer bestreuen und warm stellen.

6. Schalottenwürfel in dem verbliebenen Bratfett andünsten. Pilze, grünen Pfeffer, Kalbsfond oder -brühe und Calvados hinzugeben, zum Kochen bringen und etwa 10 Minuten bei schwacher Hitze köcheln lassen. Tomatenwürfel und die Hälfte der fein geschnittenen Kräuter dazugeben.

7. 100 g Crème fraîche hinzufügen. Mit Salz und Pfeffer abschmecken.

8. Die warm gestellten Fleischscheiben in die Sauce geben und erhitzen. Filetspitzen mit restlicher Crème fraîche anrichten und mit Kräutern garnieren.

Tipp: Statt Waldpilzen und Tomaten können Sie auch zwei Äpfel verwenden. Dafür die Äpfel schälen, vierteln, entkernen und in kleine Stücke schneiden.

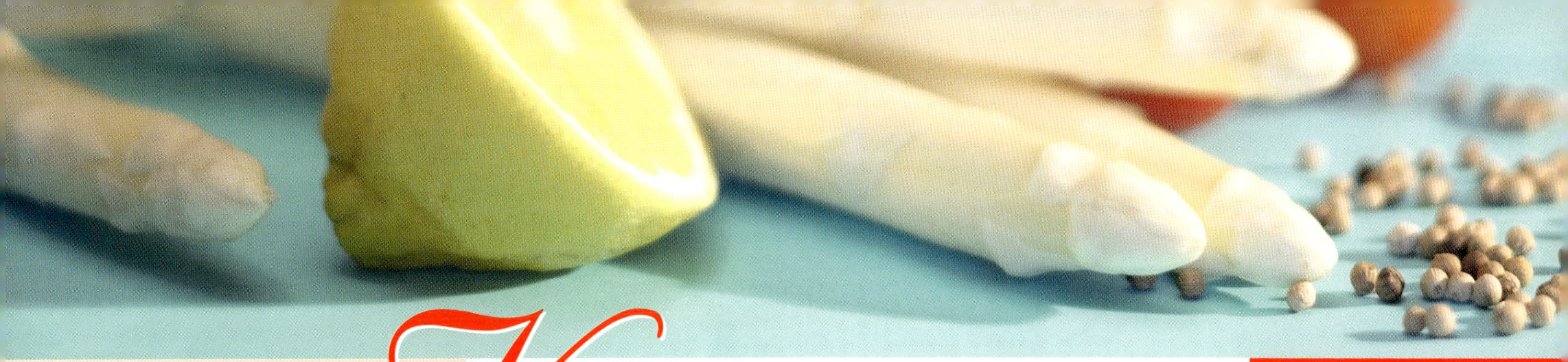

Etwas teurer – für Gäste

Kalbsrücken unter einer Kräuterkruste

4 Portionen

Zubereitungszeit: *35 Minuten*

600 g	*magerer Kalbsrücken ohne Knochen*
	Salz
	frisch gemahlener Pfeffer
1 EL	*Butterschmalz*
1 kg	*weißer Spargel*
30 g	*Butter*
	Zucker

Für die Kräuterkruste:

1 ½ Bund	*glatte Petersilie*
6 Stängel	*Thymian*
1 Bund	*Kerbel*
1 Bund	*Schnittlauch*
125 g	*weiche Butter*
2	*Eigelb (Größe M)*
100 g	*Semmelbrösel*
	Salz
	frisch gemahlener Pfeffer
	frisch gemahlene Muskatnuss

Pro Portion:
E: 38 g, F: 42 g, Kh: 24 g, kJ: 2650, kcal: 632, BE: 1,5

1. Kalbsrücken unter fließendem kalten Wasser abspülen und trocken tupfen. Mit Salz und Pfeffer würzen. Den Backofen vorheizen.

2. Butterschmalz in einer Pfanne erhitzen. Kalbsrücken darin rundherum scharf anbraten, herausnehmen und in einen Bräter legen. Den Bräter auf dem Rost in den vorgeheizten Backofen schieben.

Ober-/Unterhitze: etwa 80 °C
Garzeit: 1 ½– 2 Stunden.

3. Spargel von oben nach unten schälen. Darauf achten, dass die Schalen vollständig entfernt, die Köpfe aber nicht verletzt werden. Die unteren Enden abschneiden, holzige Teile vollständig entfernen. Spargel abspülen, abtropfen lassen und schräg in Stücke schneiden.

4. Für die Kräuterkruste die Kräuter abspülen und trocken tupfen. 4 Stängel Kerbel beiseitelegen. Restliche Kräuterblätter von den Stängeln zupfen oder streifen und hacken. Schnittlauch in feine Röllchen schneiden.

5. Butter in einer Rührschüssel mit Handrührgerät mit Rührbesen schaumig schlagen. Eigelb nach und nach unterrühren. Kräuter und Semmelbrösel hinzufügen und unterarbeiten. Mit Salz, Pfeffer und Muskat würzen.

6. Für den Spargel die Butter in einer Pfanne zerlassen. Spargelstücke in die Pfanne geben, mit etwas Salz und Zucker bestreuen und 5–8 Minuten bei schwacher Hitze darin braten, mehrfach wenden.

7. Nach Ende der Garzeit den Bräter aus dem Ofen nehmen. Den Backofengrill vorheizen. Die Kräutermasse auf den Kalbsrücken streichen. Den Bräter wieder auf dem Rost in den Backofen schieben. Den Kalbsrücken so lange grillen, bis die Kruste goldbraun ist.

8. Den Braten aus dem Bräter nehmen und etwa 5 Minuten ruhen lassen. Spargel in den Bräter geben, darin schwenken und mit Salz und Pfeffer würzen. Vom restlichen Kerbel die Blätter abzupfen. Den Braten aufschneiden, wieder in den Bräter legen, Spargel mit Kerbelblättchen bestreuen.

Beilage: Feine Bandnudeln.

Tipp: Für die Kräuterkruste können auch andere frische Kräuter aus dem Garten verwendet werden.

Cordon bleu vom Kalb mit Preiselbeeren und Feldsalat

4 Portionen

Zubereitungszeit: *40 Minuten*

Für den Salat:

250 g	*Feldsalat*
2	*Schalotten*
1	*Knoblauchzehe*
2 EL	*Sherryessig*
	Salz
	frisch gemahlener Pfeffer
4 EL	*Traubenkernöl*
1 TL	*Zucker*
1 Stängel	*Thymian*
150 g	*Wildpreiselbeeren (aus dem Glas)*
1	*Bio-Zitrone (unbehandelt, ungewachst)*
einige	*Kerbelzweige zum Garnieren*
4	*Kalbskoteletts (ohne Knochen, je etwa 140 g)*
4 Scheiben	*gekochter Vorderschinken*
4 Scheiben	*Allgäuer Bergkäse*
	Salz
	frisch gemahlener Pfeffer
2	*Eier (Größe M)*
etwas	*Weizenmehl*
60 g	*Semmelbrösel*
2 EL	*Schweineschmalz*

Pro Portion:
E: 49 g, F: 45 g, Kh: 32 g, kJ: 3092, kcal: 738, BE: 2,5

1. Für den Salat von dem Feldsalat die Wurzelenden abschneiden. Schlechte Blätter entfernen. Feldsalat mehrmals gründlich waschen und trocken tupfen oder trocken schleudern.

2. Schalotten und Knoblauch abziehen, fein würfeln und in eine große Schüssel geben. Mit Essig, Salz und Pfeffer verrühren. Traubenkernöl nach und nach unterrühren. Mit Zucker abschmecken.

3. Thymian abspülen, trocken tupfen, Blätter abzupfen und fein hacken. Thymian und Preiselbeeren verrühren. Zitrone heiß abspülen, trocken tupfen und in Spalten schneiden. Kerbel abspülen und trocken tupfen.

4. Kalbskoteletts unter fließendem kalten Wasser abspülen, trocken tupfen und waagerecht einschneiden, so dass sie an einer Seite noch zusammenhängen.

5. Kalbskoteletts zwischen zwei Lagen Frischhaltefolie legen und etwas flach klopfen. Koteletts aufklappen. Je 1 Scheibe Schinken und 1 Scheibe Käse auf die untere Kotelethälfte legen (die Schinken- und Käsescheiben sollten knapp so groß sein wie die Fleischscheiben). Die Koteletts zusammenklappen und die Fleischränder etwas andrücken. Koteletts von beiden Seiten mit Salz und Pfeffer bestreuen.

6. Eier verschlagen. Koteletts zuerst in Mehl wenden, dann durch die Eiermasse ziehen, am Schüsselrand etwas abstreifen und in den Semmelbröseln wenden. Panade fest andrücken.

7. Schweineschmalz in einer Pfanne erhitzen. Die Cordon bleus darin von beiden Seiten etwa 6 Minuten bei mittlerer Hitze goldbraun backen.

8. Feldsalat mit der Salatsauce mischen und portionsweise anrichten. Cordon bleu mit Zitronenspalten und Kerbelzweigen anrichten. Mit Preiselbeeren und Salat servieren.

Dauert länger – mit Alkohol

Krustenbraten *(Titelfoto)*

6 Portionen

Zubereitungszeit: *45 Minuten*

1,25 kg	*Schweinekeule mit Schwarte*
	Salz
	frisch gemahlener Pfeffer
6	*Gewürznelken*
1 TL	*gemahlener Kümmel*
2	*Zwiebeln*
1 Bund	*Suppengrün, z. B. Knollensellerie, Porree, Möhren*
2 EL	*Speiseöl*
1 TL	*Tomatenmark*
300 ml	*Malzbier*
200 ml	*Kochsud (von der Schweinekeule)*
1 TL	*Speisestärke*

Pro Portion:
E: 40 g, F: 28 g, Kh: 8 g,
kJ: 1921, kcal: 459, BE: 0,5

1. Fleisch unter fließendem kalten Wasser abspülen und trocken tupfen. Die Schwarte rautenförmig etwa 1 cm tief einschneiden (dabei darauf achten, dass das Fleisch nicht mit eingeschnitten wird) . Die Nelken in die Kreuzungspunkte der Einschnitte stecken.

2. Die Schweinkeule in einen Topf in kochendes Salzwasser geben. Aufkochen und etwa 25 Minuten bei schwacher Hitze köcheln lassen. Die Schweinekeule herausnehmen und mit Kümmel bestreuen. Kochsud beiseitestellen. Den Backofen vorheizen.

3. In der Zwischenzeit Zwiebeln abziehen und in Würfel schneiden. Suppengrün putzen, eventuell schälen, waschen, abtropfen lassen und in kleine Stücke schneiden.

4. Speiseöl in einem Bräter erhitzen. Die vorbereiteten Gemüsestücke darin anbraten. Tomatenmark unterrühren und kurz anrösten. Mit Malzbier ablöschen.

5. Die Schweinekeule auf die Gemüsestücke legen. Von dem beiseite gestellten Kochsud 200 ml abmessen und hinzugießen. Den Bräter auf dem Rost in den vorgeheizten Backofen schieben.

Ober-/Unterhitze: etwa 180 °C
Heißluft: etwa 160 °C
Garzeit: etwa 60 Minuten.

6. Die Schweinekeule aus dem Bräter nehmen und warm stellen. Den Bratensatz durch ein Sieb in einen Topf gießen. Speisestärke mit etwas Wasser anrühren, in den Bratensatz rühren und unter Rühren kurz aufkochen lassen.

7. Den Backofengrill vorheizen. Den Krustenbraten kurz vor dem Servieren unter dem vorgeheizten Grill knusprig braun braten lassen. Braten 5 Minuten ruhen lassen. Fleisch aufschneiden und mit der Sauce anrichten.

Tipp: Dazu passen Kartoffelklöße, Schupfnudeln, Romanesco und Möhren.

Raffiniert – mit Alkohol

Jungschweinerücken in Pumpernickelkruste

4 Portionen

Zubereitungszeit: *45 Minuten*

1	*Gemüsezwiebel (150 g)*
2	*Möhren*
300 g	*Knollensellerie*
1 Stange	*Porree (Lauch)*
600 g	*Jungschweinerücken*
	Salz
	frisch gemahlener Pfeffer
2 EL	*Butterschmalz*
3 Stängel	*Thymian*
200 ml	*Rotwein*
2 Stängel	*Majoran*
1 TL	*Kümmelsamen*
2 EL	*mittelscharfer Senf*
1 TL	*flüssiger Honig*
400 ml	*Rinderbrühe*
150 g	*Pumpernickel*
80 g	*Doppelrahm-Frischkäse*
40 g	*frisch geriebener Bergkäse*
1	*Eigelb (Größe M)*
1 TL	*gemahlener Koriander*
1 TL	*Speisestärke*
60 g	*kalte Butter*

Pro Portion:
E: 44 g, F: 43 g, Kh: 23 g, kJ: 2857, kcal: 682, BE: 1,5

1. Zwiebel abziehen. Möhren und Sellerie putzen, waschen, abtropfen lassen. Das Gemüse in walnussgrosse Stücke schneiden. Porree putzen, die Stange längs halbieren, gründlich waschen, abtropfen lassen und quer in Stücke schneiden.

2. Schweinerücken unter fließendem kalten Wasser abspülen und trocken tupfen. Mit Salz und Pfeffer würzen.

3. Butterschmalz in einem Bräter erhitzen. Schweinerücken darin von allen Seiten anbraten. Das Fleisch herausnehmen. Den Backofen vorheizen.

4. Vorbereitetes Gemüse in den heißen Bräter geben. Die Gemüsestücke unter Wenden in dem Bratfett anbraten. Thymian abspülen, trocken tupfen und hinzugeben. Mit Rotwein ablöschen und etwas einkochen lassen.

5. Majoran abspülen, trocken tupfen, die Blätter abzupfen und hacken. Kümmel im Mörser fein zerstoßen, mit Senf, Honig und Majoran mischen. Das Fleisch mit der Paste einstreichen und auf das Gemüse legen, Brühe hinzugeben. Den Bräter auf dem Rost in den vorgeheizten Backofen schieben.

Ober-/Unterhitze: 160–180 °C
Heißluft: 140–160 °C
Backzeit: etwa 40 Minuten.

6. Pumpernickel mit den Händen oder mit einem Mixstab zerbröseln. Mit Frischkäse und Bergkäse vermengen. Eigelb und Koriander unterrühren. Eventuell mit etwas Salz würzen.

7. Den Schweinerücken aus dem Bräter nehmen. Den Bratensaft durch ein Sieb in einen Topf gießen. Den Braten wieder in den Bräter legen. Den Grill des Backofens vorheizen.

8. Die Pumpernickelmasse auf den Schweinerücken geben und leicht andrücken. Den Bräter auf dem Rost unter den vorgeheizten Backofengrill schieben. Den Braten etwa 5 Minuten grillen.

9. In der Zwischenzeit die Sauce zum Kochen bringen und etwas einkochen lassen. Speisestärke mit 1–2 Esslöffeln Wasser anrühren, in die Sauce rühren und unter Rühren kurz aufkochen lassen (die Sauce sollte leicht gebunden sein). Die Sauce mit Salz und Pfeffer abschmecken. Den Topf von der Kochstelle nehmen, die Butter in kleinen Stücken unter die Sauce rühren.

10. Den Schweinerücken herausnehmen, 2–3 Minuten ruhen lassen, dann in Scheiben schneiden und auf einer vorgewärmten Platte anrichten. Die Sauce dazureichen.

Tipp: Hierzu passt sehr gut ein mit dünnen Radieschenscheiben verfeinerter Blattspinat.

Grünkohl mit Kasseler und Pinkel

4 Portionen

Zubereitungszeit: *50 Minuten*

1 ½ kg	*Grünkohl*
	Salzwasser
2	*mittelgroße Zwiebeln*
100 g	*Schweineschmalz*
2 EL	*Haferflocken*
500 g	*Kasseler Rippenspeer*
100 g	*durchwachsener Speck*
375 ml (⅜ l)	*Wasser*
	Salz
4	*geräucherte Grützwürste (Pinkel)*
	frisch gemahlener Pfeffer
	frisch geriebene Muskatnuss
1 Prise	*Zucker*

Pro Portion:
E: 44 g, F: 72 g, Kh: 12 g, kJ: 3666, kcal: 878, BE: 0,5

1. Von dem Grünkohl die welken und fleckigen Blätter und dicken Rippen entfernen. Grünkohl gründlich waschen und abtropfen lassen. Salzwasser in einem großen Topf zum Kochen bringen. Den Grünkohl hinzugeben, zum Kochen bringen und 1–2 Minuten blanchieren. Grünkohl in einem Sieb abtropfen und abkühlen lassen. Anschließend grob hacken.

2. Zwiebeln abziehen und in kleine Würfel schneiden. Schmalz in einem großen Topf zerlassen. Zwiebelwürfel darin glasig dünsten. Grünkohl hinzufügen. Haferflocken unterrühren. Grünkohl erhitzen.

3. Kasseler unter fließendem kalten Wasser abspülen und trocken tupfen. Die Knochen auslösen. Das Fleisch mit den Knochen auf den Grünkohl legen. Speck und Wasser hinzufügen. Mit Salz würzen. Die Zutaten zum Kochen bringen und zugedeckt etwa 1 Stunde garen.

4. Grützwurst zum Grünkohl geben und weitere etwa 20 Minuten mitgaren lassen. Fleisch mit Knochen, Speck und Grützwurst herausnehmen. Fleisch und Speck in Scheiben schneiden.

5. Den Grünkohl mit Salz, Pfeffer, Muskat und Zucker abschmecken, mit den Fleisch-, Speckscheiben und der Grützwurst auf einer großen Platte anrichten.

Tipp: Salz- oder Bratkartoffeln. Den mitgekochten Speck in Würfel schneiden und zu den Bratkartoffeln geben.

Variante ohne Grützwurst: Reichen Sie zu dem Kasseler einen **Selleriedip**. Dafür 200 g Schmand (Sauerrahm) mit etwas geriebener Schale von 1 Bio-Zitrone (unbehandelt, ungewachst) verrühren. 3 Esslöffel klein geschnittene, blanchierte Selleriewürfel untermengen. Mit Salz und Pfeffer würzen. Etwas von dem Dip auf die Fleischscheiben geben und den Rest dazureichen.

Schweinebraten in Holunderblütenöl gegart

4–6 Portionen

Zubereitungzeit: *45 Minuten*

1 kg	*Schweinefleisch aus der Schulter, mit Schwarte (Schwarte vom Metzger einritzen lassen)*
10	*Holunderblüten*
1	*Bio-Orange (unbehandelt, ungewachst)*
100 ml	*Olivenöl*
100 ml	*neutrales Speiseöl, z. B. Sonnenblumenöl*
4	*Wacholderbeeren, grob zerdrückt*
2 EL	*Meersalz*
	frisch gemahlener, schwarzer Pfeffer

Für das Kohlrabigemüse:

1 kg	*Kohlrabi*
	Salz
250 ml (¼ l)	*Wasser*
50 g	*Butter*
2 EL	*Weizenmehl*
150 ml	*kalte Milch*
	frisch geriebene Muskatnuss

Pro Portion:
E: 38 g, F: 61 g, Kh: 11 g, kJ: 3195, kcal: 763, BE: 0,5

1. Schweineschulter unter fließendem kalten Wasser abspülen und trocken tupfen. Den Backofen vorheizen.

2. Holunderblüten vorsichtig abspülen und trocken tupfen. Orange heiß abspülen, abtrocknen und die Hälfte der Schale abreiben.

3. Schweineschulter und Holunderblüten in einen Bräter geben. Oliven- und Speiseöl, Wacholderbeeren, Meersalz und Pfeffer hinzufügen.

4. Den Topf oder Bräter mit einem Deckel verschließen und auf dem Rost in den vorgeheizten Backofen schieben.

Ober-/Unterhitze: etwa 80 °C
Heißluft: etwa 60 °C
Garzeit: 5–6 Stunden.

5. Für das Gemüse vom Kohlrabi die zarten Blätter abschneiden, abspülen und abtropfen lassen. Blätter in feine Streifen schneiden, in kochendem Salzwasser kurz blanchieren, in kaltem Wasser abschrecken, abtropfen lassen und beiseitelegen.

6. Kohlrabi schälen, abspülen und abtropfen lassen. Kohlrabi erst in Scheiben, dann in Stifte schneiden. Wasser aufkochen und salzen. Kohlrabistifte dazugeben, aufkochen, dann im geschlossenen Topf bei schwacher Hitze etwa 8 Minuten bissfest dünsten. Kohlrabistifte in ein Sieb geben, dabei das Kohlrabiwasser auffangen.

7. Butter in einem Topf zerlassen. Mehl unter Rühren so lange darin erhitzen, bis es hellgelb ist. Nach und nach Milch und Kohlrabiwasser hinzugießen. Mit einem Schneebesen durchschlagen. Darauf achten, dass kleine Klümpchen entstehen.

8. Die Sauce aufkochen lassen, dann bei schwacher Hitze 5 Minuten kochen. Kohlrabistifte unterheben. Mit Salz und etwas Muskat würzen.

9. Den Bräter aus dem Ofen nehmen. Den Backofengrill vorheizen. Braten aus dem Öl nehmen und etwas abtropfen lassen. Das Öl durch ein Sieb in einen Topf gießen. Den Braten wieder in den Bräter legen und auf dem Rost unter den heißen Backofengrill schieben. So lange grillen, bis die Schwarte knusprig ist.

10. Kohlrabistifte in die Sauce geben und aufkochen. Geschnittene Kohlrabiblätter unterheben. Das Gemüse mit Salz und Muskat abschmecken.

11. Das Fleisch 5 Minuten ruhen lassen. Von der Orange die restliche Schale mit einem Zestenreißer abziehen. Das Fleisch aufschneiden. Gemüse portionsweise anrichten, das Fleisch darauflegen und mit etwas lauwarmem Holunderöl beträufeln. Mit Orangenschale garnieren und mit Pfeffer bestreuen.

Beilage: Rösti.

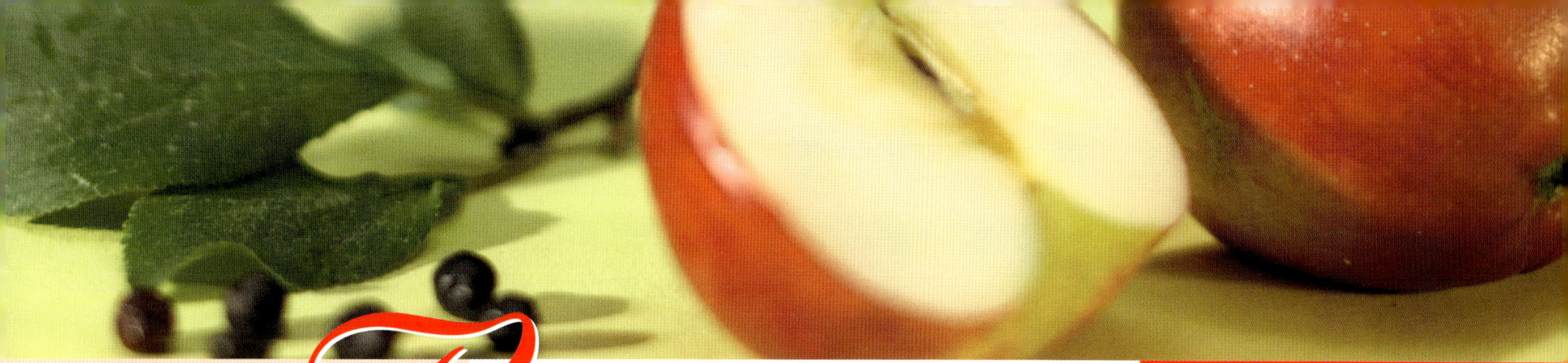

Einfach – rustikal

Blutwurst auf Sauerkraut

4 Portionen

Zubereitungszeit: *30 Minuten*

1	*Zwiebel (50 g)*
40 g	*Schweineschmalz*
400 g	*Sauerkraut*
1	*Lorbeerblatt*
3	*Wacholderbeeren*
2	*Gewürznelken*
	Salz
	frisch gemahlener Pfeffer
200 ml	*Gemüsefond oder -brühe*
2	*Äpfel*
40 g	*Butter*
400 g	*geräucherte Blutwurst im Naturdarm*
100 g	*Zwiebeln*
2 EL	*Butter*
4 Stängel	*Majoran*
2 EL	*Crème fraîche*
2–3 TL	*Zucker*

Pro Portion:
E: 18 g, F: 55 g, Kh: 13 g, kJ: 2619, kcal: 627, BE: 1,0

1. Zwiebel abziehen und in Würfel schneiden. Schmalz in einem Topf erhitzen, Zwiebelwürfel darin glasig dünsten. Sauerkraut, Lorbeerblatt, Wacholderbeeren, Nelken, Salz, Pfeffer und Fond oder Brühe hinzugeben. Die Zutaten zum Kochen bringen und zugedeckt bei schwacher Hitze etwa 25 Minuten garen.

2. Äpfel schälen, vierteln, die Kerngehäuse entfernen, die Viertel in kleine Würfel schneiden. Apfelwürfel zum Sauerkraut geben und weitere etwa 25 Minuten garen. Backofen vorheizen.

3. Kurz vor Ende der Garzeit die Blutwurst in etwa 1,5 cm dicke Scheiben schneiden. Butter in einer ofenfesten Pfanne zerlassen. Blutwurst darin von beiden Seiten leicht anbraten. Die Pfanne auf dem Rost in den vorgeheizten Backofen schieben.

Ober-/Unterhitze: etwa 180 °C
Heißluft: etwa 160 °C
Garzeit: etwa 10 Minuten.

4. Zwiebeln abziehen und in Ringe schneiden. Butter in einer Pfanne zerlassen. Zwiebelringe darin andünsten.

5. Majoran abspülen und trocken tupfen. Etwas Majoran zum Garnieren beiseitelegen. Von den restlichen Stängeln die Blätter abzupfen, klein schneiden und mit Crème fraîche unter das Sauerkraut rühren. Mit Salz, Pfeffer und etwas Zucker abschmecken.

6. Zwiebelringe mit 1 Teelöffel Zucker bestreuen und in der Pfanne bräunen. Sauerkraut portionsweise anrichten. Blutwurst darauflegen und mit Zwiebelringen garnieren.

Beilage: Kartoffelpüree.

Tipp: Das Kartoffelpüree in einen Spritzbeutel mit Sterntülle füllen, ringförmig auf ofenfeste Teller spritzen und mit etwas Sahne oder flüssiger Butter beträufeln. Das Püree kurz unter dem vorgeheizten Backofengrill bräunen. Danach Sauerkraut, Blutwurst und Zwiebelringe auf die Teller geben und mit Majoran garnieren.

Lammrücken im Wirsingmantel

4 Portionen

Zubereitungszeit: *70 Minuten, ohne Auftauzeit*

4 Lammlachse (je etwa 150 g, Lammrücken ohne Haut und Knochen)
2 Stängel Rosmarin
200 g gemischtes Hackfleisch (halb Rind-, halb Schweinefleisch)
2 EL geröstete Pinienkerne
1 Ei (Größe M)
1 TL mittelscharfer Senf
100 g Schlagsahne
2 EL Semmelbrösel
Salz
frisch gemahlener Pfeffer

4 rechteckige Platten TK-Blätterteig (etwa 300 g)
1 Wirsingkohl (etwa 800 g)
1 Ei (Größe M)

1 Zwiebel
4 Scheiben Frühstücksspeck (Bacon)
2 EL Crème fraîche
frisch geriebene Muskatnuss
2 Stängel glatte Petersilie

Pro Portion:
E: 54 g, F: 72 g, Kh: 37 g, kJ: 4244, kcal: 1016, BE: 2,5

1. Lammlachse unter fließendem kalten Wasser abspülen und trocken tupfen. Rosmarin abspülen und trocken tupfen. Die Nadeln von den Stängeln zupfen und klein schneiden.

2. Hackfleisch in eine Rührschüssel geben. Pinienkerne, Ei, Senf, Sahne, Semmelbrösel und Rosmarin hinzufügen. Die Zutaten gut vermengen. Mit Salz und Pfeffer kräftig abschmecken, kalt stellen.

3. Blätterteigplatten nebeneinander nach Packungsanleitung auftauen.

4. Wirsingkohl putzen, welke Blätter entfernen. Die 4 äußeren Blätter ablösen, abspülen und in kochendes Salzwasser geben. Blätter 1 Minute blanchieren, in kaltem Wasser abschrecken und abtropfen lassen. Die dicken Rippen der Kohlblätter herausschneiden. Die Blätter so zuschneiden, dass sie genauso breit wie die Lammlachse lang sind. Auf jedes Kohlblatt etwas Hackfleischmasse geben und glattstreichen. Restliche Hackfleischmasse auf die Lammlachse geben und andrücken. Lammlachse in die Kohlblätter einrollen.

5. Jede Blätterteigplatte auf der bemehlten Arbeitsfläche zu einem Rechteck (20 x 15 cm) ausrollen. Jeweils eine Wirsingrolle in die Mitte der Blätterteigplatten legen. Ei mit einer Gabel verquirlen. Die Blätterteigränder damit bestreichen. Die Wirsingrollen in den Teig einschlagen.

6. Die Blätterteigpäckchen auf ein Backblech (mit Backpapier belegt) legen. Die Teigränder mit einer Gabel andrücken. Die Päckchen mit restlichem verquirlten Ei bestreichen. Das Backblech in den vorgeheizten Backofen schieben.

Ober-/Unterhitze: etwa 180 °C
Heißluft: etwa 160 °C
Garzeit: 20–25 Minuten.

7. Wenn der Blätterteig zu dunkel wird, die Backtemperatur um etwa 20 °C reduzieren.

8. In der Zwischenzeit den restlichen Kohl vierteln, den Strunk entfernen, den Kohl in Streifen schneiden und in kochendem Salzwasser etwa 5 Minuten blanchieren. Kohlstreifen in kaltem Wasser abschrecken und in einem Sieb abtropfen lassen. Zwiebel abziehen, in kleine Würfel schneiden. Frühstücksspeck in Streifen schneiden, in einer Pfanne erhitzen, Zwiebelwürfel dazugeben und andünsten. Kohlstreifen hinzufügen und zugedeckt bei schwacher Hitze etwa 10 Minuten dünsten.

9. Die Blätterteigpäckchen vom Backblech nehmen, etwa 5 Minuten ruhen lassen. Crème fraîche unter das Gemüse rühren. Mit Salz und Muskat würzen. Petersilie abspülen und trocken tupfen. Blätterteigpäckchen aufschneiden. Etwas Wirsinggemüse auf einer vorgewärmten Platte anrichten. Lammrücken im Wirsingmantel darauf verteilen, mit Petersilie garnieren und sofort servieren.

Tipp: Zusätzlich 200 ml Lamm- oder Rinderfond und 50 ml Rotwein mit 1 abgespülten Zweig Thymian, 1 gewürfelten Schalotte und 1 Lorbeerblatt auf die Hälfte einkochen lassen. Mit Salz und Pfeffer abschmecken und durch ein Sieb geißen. 30 g kalte Butterstücke einrühren. Den Fond mit den Päckchen und dem Wirsinggemüse anrichten.

Mit Alkohol

Lammrollbraten in Estragon-Rahm-Sauce

4 Portionen

Zubereitungszeit: *50 Minuten*

je 4 Stängel	*Rosmarin und Thymian*
1 EL	*Olivenöl*
2 TL	*mittelscharfer Senf*
	Salz
	frisch gemahlener Pfeffer
2 TL	*Paprikapulver rosenscharf*
1	*Lammschulter (etwa 800 g, ohne Knochen)*
1	*Gemüsezwiebel*
2	*Möhren*
300 g	*Knollensellerie*
1 Stange	*Porree (Lauch)*
4 EL	*Olivenöl*
2 TL	*Tomatenmark*
200 ml	*Rotwein*
400 ml	*Geflügelfond*
4	*Lorbeerblätter*
200 g	*Schlagsahne*
6 Stängel	*frischer Estragon*
1 TL	*Speisestärke*

Außerdem:
Küchengarn

Pro Portion:
E: 41 g, F: 41 g, Kh: 10 g, kJ: 2550, kcal: 609, BE: 0,5

1. Rosmarin und Thymian abspülen und trocken tupfen. Die Nadeln bzw. Blätter von den Stängeln zupfen. Nadeln und Blätter klein schneiden. Olivenöl mit Senf, Salz, Pfeffer, Paprika und den Kräutern verrühren.

2. Das harte Fett von der Lammschulter abschneiden. Fleisch unter fließendem kalten Wasser abspülen und trocken tupfen. Fleisch mit der Außenseite nach unten auf die Arbeitsfläche legen. Die Sehnen auf der Innenseite entfernen. Fleisch umdrehen, zwischen zwei Lagen Frischhaltefolie legen und mit einem Plattiereisen oder einem Fleischklopfer etwas flacher klopfen, damit die Oberfläche größer wird. Frischhaltefolie entfernen. Fleisch wieder mit der Hautseite nach unten auf die Arbeitsfläche legen und mit der Kräuterpaste bestreichen. Das Lammfleisch aufrollen und mit Küchengarn fest umwickeln.

3. Zwiebel abziehen. Möhren und Sellerie schälen, abspülen und abtropfen lassen. Zwiebel, Möhren und Sellerie in grobe Würfel schneiden. Porree putzen, die Stange längs halbieren. Porree gründlich waschen, abtropfen lassen und quer in Stücke schneiden. Den Backofen vorheizen.

4. Olivenöl in einem Bräter erhitzen. Den Rollbraten darin von allen Seiten gut anbraten. Den Rollbraten aus dem Bräter nehmen. Vorbereitetes Gemüse in dem Bratfett anbraten, so dass es Farbe bekommt. Tomatenmark unterrühren und kurz anrösten. Mit Rotwein ablöschen, den Rollbraten auf das Gemüse legen und den Fond hinzugießen. Lorbeerblätter hinzugeben. Den Bräter mit dem Deckel verschließen und auf dem Rost in den vorgeheizten Backofen schieben.

Ober-/Unterhitze: etwa 180 °C
Heißluft: etwa 160 °C
Garzeit: 1 ½– 2 Stunden.

5. Den Rollbraten herausnehmen und warm halten. Den Bratensaft durch ein Sieb in einen Topf gießen und um ein Drittel einkochen lassen. Sahne hinzugeben und noch etwas kochen lassen.

6. Estragon abspülen und trocken tupfen. Einige Zweige Estragon zum Garnieren beiseitelegen. Von den restlichen Stängeln die Blätter abzupfen, klein schneiden und unter die Sauce rühren. Speisestärke mit 1–2 Esslöffeln kaltem Wasser anrühren, in die Sauce rühren und unter Rühren kurz aufkochen lassen. Die Sauce mit Salz und Pfeffer abschmecken.

7. Eventuell das Küchengarn von dem Rollbraten entfernen. Den Rollbraten aufschneiden und mit der Sauce auf einer vorgewärmten Platte oder im Bräter anrichten. Mit Estragonzweigen garnieren.

Tipp: Servieren Sie den Lammrollbraten mit einem **Kartoffelgratin**. Dafür 500 g Kartoffeln waschen, schälen, abspülen und in hauchdünne Scheiben hobeln. Kartoffelscheiben in eine mit 30 g Butter gefettete Auflaufform schichten. 200 g Schlagsahne in einem Topf zum Kochen bringen. 1 Knoblauchzehe abziehen, etwas zerdrücken und hinzugeben. Mit Salz und frisch geriebener Muskatnuss würzen. Die heiße Sahne auf den Kartoffelscheiben verteilen. 2 Esslöffel geriebenen Parmesan-Käse daraufstreuen. Die Auflaufform auf dem Rost in den vorgeheizten Backofen schieben und das Gratin bei Ober-/Unterhitze: 160–180 °C, Heißluft: 140–160 °C in etwa 40 Minuten garen.

Sauerbraten

4 Portionen

Zubereitungszeit: *40 Minuten, ohne Marinierzeit*

750 g	*Rindfleisch (aus der Oberschale, ohne Knochen)*
	Für die Marinade:
2	*Zwiebeln*
1 Bund	*Suppengrün (Knollensellerie, Möhre, Porree)*
5	*Wacholderbeeren*
15	*Pfefferkörner*
5	*Pimentkörner (Nelkenpfeffer)*
2	*Gewürznelken*
1	*Lorbeerblatt*
250 ml (¼ l)	*Weinessig*
375 ml (⅜ l)	*Wasser oder Rotwein*
	Salz
	frisch gemahlener Pfeffer
30 g	*Butterschmalz oder*
3 EL	*Speiseöl*
375 ml (⅜ l)	*Marinadenflüssigkeit*
50 g	*Honigkuchen*
etwas	*Zucker*

Pro Portion:
E: 43 g, F: 13 g, Kh: 15 g, kJ: 1557, kcal: 372, BE: 1,0

1. Rindfleisch unter fließendem kalten Wasser abspülen und trocken tupfen.

2. Für die Marinade Zwiebeln abziehen und in Scheiben schneiden. Suppengrün putzen, schälen, abspülen, abtropfen lassen und in kleine Stücke schneiden.

3. Zwiebelscheiben und Suppengrün mit Wacholderbeeren, Pfefferkörnern, Pimentkörnern, Nelken, Lorbeerblatt, Weinessig und Wasser oder Rotwein in einer Schüssel verrühren. Rindfleisch in die Marinade legen und zugedeckt etwa 4 Tage in den Kühlschrank stellen, dabei das Rindfleisch ab und zu wenden.

4. Das Rindfleisch aus der Marinade nehmen und trocken tupfen. Die Marinade durch ein Sieb gießen und 375 ml (⅜ l) davon abmessen. Die Marinade und das abgetropfte Gemüse beiseitestellen.

5. Das Fleisch mit Salz und Pfeffer einreiben. Butterschmalz oder Speiseöl in einem Bräter erhitzen. Das Rindfleisch von allen Seiten gut darin anbraten. Das beiseite gestellte Gemüse hinzufügen und kurz mitbraten lassen. Etwas von der abgemessenen Marinade hinzugießen.

6. Das Rindfleisch zugedeckt etwa 30 Minuten bei mittlerer Hitze garen, dabei das Fleisch ab und zu wenden. Verdampfte Flüssigkeit nach und nach durch Marinade ersetzen.

7. Honigkuchen fein zerbröseln und hinzufügen. Das Rindfleisch weitere etwa 1 ½ Stunden garen.

8. Das Rindfleisch aus dem Topf oder Bräter nehmen und zugedeckt etwa 10 Minuten ruhen lassen, damit sich der Fleischsaft setzt. Das Fleisch dann in Scheiben schneiden und auf einer vorgewärmten Platte anrichten.

9. Den Bratensatz mit dem Gemüse durch ein Sieb streichen und nochmals erhitzen. Mit Salz, Pfeffer und Zucker abschmecken. Die Sauce zu dem Braten reichen.

Beilage: Makkaroni oder Kartoffelklöße, Rotkohl und Apfelmus oder Backobst. Dazu 200 g gemischtes Backobst in 500 ml (½ l) Apfelsaft etwa 30 Minuten einweichen, dann in der Flüssigkeit zugedeckt etwa 30 Minuten kochen. Backobst mit etwas Salz abschmecken.

Rinderhüftsteak in Zitronen-Kapern-Sauce

4 Portionen

Zubereitungszeit: *50 Minuten*

Für das Gemüse:

2	*Möhren*
2	*Petersilienwurzeln*
300 g	*Knollensellerie*
1 Stange	*Porree (Lauch)*
1	*Bio-Zitrone (unbehandelt, ungewachst)*
2 EL	*Kapern (aus dem Glas)*
30 g	*Butter*
125 ml (⅛ l)	*Kalbs- oder Gemüsefond*
	Salz
	Zucker
4	*Rinderhüftsteaks (je etwa 180 g)*
	Salz
	frisch gemahlener Pfeffer
etwas	*Weizenmehl*
4 Stängel	*Thymian*
2 EL	*Butterschmalz*
200 ml	*Rinderfond*
30 g	*kalte Butter*

Pro Portion:
E: 44 g, F: 27 g, Kh: 11 g, kJ: 1962, kcal: 468, BE: 0

1. Für das Gemüse Möhren, Petersilienwurzeln und Sellerie putzen, schälen, abspülen, abtropfen lassen und in feine Streifen schneiden. Porree putzen, die Stange längs halbieren, gründlich waschen, abtropfen lassen und ebenfalls in Streifen schneiden.

2. Zitrone heiß abspülen, abtrocknen und die Hälfte der Schale abreiben. Kapern abtropfen lassen und klein schneiden.

3. Rinderhüftsteaks unter fließendem kalten Wasser abspülen und trocken tupfen. Mit Salz und Pfeffer würzen, leicht mit Mehl bestäuben. Thymian abspülen und trocken tupfen.

4. Butterschmalz in einer großen Pfanne erhitzen. Die Steaks darin von beiden Seiten bei starker Hitze anbraten. Die Hitze reduzieren, Thymian in die Pfanne geben. Die Steaks bei mittlerer Hitze in 5–6 Minuten langsam fertig braten. Die Hüftsteaks sollten innen noch rosa sein.

5. In der Zwischenzeit die Butter für das Gemüse in einem Topf zerlassen. Die Gemüsestreifen darin andünsten.

6. Zitronenschale und Kapernstücke zum Gemüse geben und unterrühren. Den Fond hinzugießen und aufkochen. Das Gemüse zugedeckt bei schwacher Hitze etwa 6 Minuten dünsten. Mit Salz und Zucker abschmecken.

7. Die Steaks aus der Pfanne nehmen und warm halten. Bratfett abgießen, verbliebenen Bratensatz mit Fond ablöschen und kräftig aufkochen. Die Pfanne von der Kochstelle nehmen. Die kalte Butter in kleinen Stücken in den Fond rühren.

8. Das Fleisch mit dem Gemüse und dem Fond anrichten.

Tipp: Einen Esslöffel Schmand auf einen vorgewärmten Teller geben. Das Suppengemüse darauf anrichten. Der Schmand gibt dem Gemüse einen frisch-säuerlichen Geschmack.
Zu den Rinderhüftsteaks passen sehr gut knusprige Bratkartoffeln in Schweineschmalz gebacken. Die Kartoffeln sollten am Vortag als Pellkartoffeln gekocht und auch schon gepellt werden.

Tafelspitz mit Boulliongemüse

4–6 Portionen

Zubereitungszeit: *70 Minuten, ohne Abkühlzeit*

3	Möhren
300 g	Knollensellerie
1 Stange	Porree (Lauch)
1	Gemüsezwiebel (150 g)
1,5 kg	Rindfleisch aus der Hüfte (Tafelspitz)
etwa 1,5 l	Wasser
	Salz
4	Lorbeerblätter
1 EL	weiße Pfefferkörner
6	Wacholderbeeren
	Salz
500 g	Kartoffeln
4	Schalotten
2 EL	Butter
2	Möhren
250 g	Knollensellerie
1 kleine Stange	Porree (Lauch)
1 Bund	glatte Petersilie
	frisch gemahlener Pfeffer
	frisch geriebene Muskatnuss

Pro Portion:
E: 68 g, F: 13 g, Kh: 20 g, kJ: 2051, kcal: 491, BE: 1,0

1. Möhren und Sellerie putzen, schälen, abspülen, abtropfen lassen. Porree putzen, die Stange längs halbieren, gründlich waschen, abtropfen lassen. Möhren und Sellerie in Würfel schneiden. Porree in Stücke schneiden. Zwiebel halbieren (nicht abziehen).

2. Rindfleisch unter fließendem kalten Wasser abspülen, abtropfen lassen und in einen großen Topf geben. Wasser hinzufügen und zum Kochen bringen.

3. In der Zwischenzeit die Zwiebel auf der Schnittseite in einer Pfanne ohne Fett so lange rösten, bis sie fast schwarz ist.

4. Wenn das Fleisch anfängt zu kochen, den Schaum mit einer Schaumkelle abschöpfen. Vorbereitetes Gemüse, Zwiebel, Lorbeerblätter, Pfefferkörner, Wacholderbeeren und Salz hinzugeben. Das Fleisch wieder zum Kochen bringen und zugedeckt bei schwacher Hitze 2–3 Stunden köcheln lassen.

5. Das Rindfleisch aus der Brühe nehmen und abkühlen lassen. Die Brühe durch ein Sieb gießen.

6. Kartoffeln waschen, schälen, abspülen und in Würfel schneiden. Schalotten abziehen und in kleine Würfel schneiden.

7. Butter in einem großen Topf erhitzen. Schalottenwürfel darin andünsten, Kartoffewürfel hinzufügen und mit andünsten. Soviel Rinderbrühe hinzugießen, dass die Kartoffelwürfel bedeckt sind, zum Kochen bringen und etwa 10 Minuten kochen lassen.

8. In der Zwischenzeit Möhren und Sellerie putzen, schälen, abspülen und in Würfel schneiden. Porree putzen, quer in breite Ringe schneiden, gründlich abspülen und abtropfen lassen. Gemüse zu den Kartoffelwürfeln geben. Wieder soviel Rinderbrühe hinzugießen, dass das Gemüse bedeckt ist. Zum Kochen bringen und bei schwacher Hitze etwa 10 Minuten nur noch leicht köcheln lassen. Bei Bedarf noch etwas von der restlichen Rinderbrühe hinzugießen. Darauf achten, dass das Gemüse nicht zu flüssig wird, die Kartoffeln sollen leicht verkochen und die noch vorhandene Brühe binden. Petersilie abspülen, trocken tupfen, die Blätter abzupfen und hacken.

9. Das Gemüse mit etwas Salz, Pfeffer und Muskat würzen. Kurz vor dem Servieren mit Petersilie bestreuen.

10. Rindfleisch am besten kalt in Scheiben schneiden und in der noch verbliebenen Rinderbrühe erwärmen. Fleisch mit dem Gemüse anrichten.

Tipp: Hierzu passt noch sehr gut etwas frisch geriebener Meerrettich mit einem geriebenen Apfel oder mit Apfelkompott gemischt.

Für Gäste – raffiniert

Angebratenes Tatar vom Rind

4 Portionen

Zubereitungszeit: *30 Minuten*

2	*Schalotten*
1	*kleine Gewürzgurke*
2	*Sardellenfilets*
600–800 g	*Rindertatar*
1 TL	*Tomaten-Ketchup*
1 TL	*mittelscharfer Senf*
2	*Eigelb (Größe M)*
	Salz
	frisch geriebene Muskatnuss
	frisch gemahlener Pfeffer
2 EL	*Sonnenblumenöl*

Pro Portion:
E: 41 g, F: 14 g, Kh: 1 g, kJ: 1220, kcal: 292, BE: 0

1. Schalotten abziehen, in kleine Würfel schneiden, in kochendem Salzwasser kurz blanchieren und in kaltem Wasser abschrecken. Gewürzgurke ebenfalls in kleine Würfel schneiden. Sardellenfilets klein hacken. Rindertatar in eine große Schüssel geben. Die vorbereiteten Zutaten mit Ketchup, Senf und Eigelb zum Tatar in die Schüssel geben und gut vermengen. Mit Salz, Muskat und Pfeffer gut würzen.

2. Aus der Masse mit angefeuchteten Händen 4 gleich große Frikadellen formen, mit einem Messer von beiden Seiten ein Gittermuster in den Fleischteig drücken.

3. Sonnenblumenöl in einer Pfanne erhitzen. Die Frikadellen von jeder Seite etwa 2 Minuten anbraten, herausnehmen und sofort servieren.

Tipp: Hierzu passt gut ein **Kartoffel–Gurken-Salat mit Radieschen**.
Für den Salat 2 Salatgurken schälen und der Länge nach halbieren. Die Kerne mit einem Löffel herausschaben. Gurkenhälften in halbmondförmige Stücke schneiden. Mit etwas Salz bestreuen, in ein Sieb geben und etwa 30 Minuten stehen lassen, damit das Wasser abtropfen kann.
500 g Kartoffeln gründlich waschen, mit Salzwasser bedeckt zum Kochen bringen, einige Kümmelsamen und 1 Lorbeerblatt hinzugeben. Die Kartoffeln zugedeckt etwa 20 Minuten garen. 1 Bund Radieschen putzen, abspülen und in schmale Streifen schneiden. Für die Salatsauce 2 kleine Zwiebeln abziehen und in feine Würfel schneiden. Etwas Rapsöl in einer Pfanne erhitzen. Zwiebelwürfel darin andünsten. 250 ml (¼ l) Rindfleischbrühe hinzugießen, zum Kochen bringen und etwas einkochen lassen. 1 Teelöffel mittelscharfen Senf und 1 Esslöffel Schnittlauchröllchen hinzufügen. 20 ml Weißweinessig und 60 ml Rapsöl gut unterrühren. Mit Salz und Pfeffer kräftig abschmecken. 4 Stängel Kerbel abspülen und trocken tupfen. Kartoffeln abgießen, mit kaltem Wasser abschrecken, pellen und lauwarm in etwa 5 mm dicke Scheiben schneiden. Die noch warmen Kartoffelscheiben in die Salatsauce geben und darin schwenken, damit die Sauce eine „sämige" Konsistenz hat. Zuletzt die Gurkenstücke und die Radieschenstifte hinzufügen. Das Tatar auf dem Salat anrichten und mit Kerbel garnieren.

Poularde, gefüllt mit einer Böhmischen-Knödel-Masse

4 Portionen

Zubereitungszeit: *50 Minuten, ohne Abkühl- und Teiggehzeit*

1	*Poularde (1,6–1,8 kg)*
	Salz
	frisch gemahlener Pfeffer
2	*Brötchen (Semmeln vom Vortag)*
60 g	*Butter*
100 g	*Weizenmehl*
10 g	*frische Hefe*
1 Prise	*Zucker*
50 ml	*lauwarme Milch*
1	*Ei (Größe M)*
1 gestr. TL	*Salz*
8	*Backpflaumen ohne Stein*
2 Zweige	*Thymian*
2 EL	*Butterschmalz*
150 ml	*Wasser*
60 g	*Butter*

Außerdem:

6	*Zahnstocher*
	Küchengarn

Pro Portion:
E: 72 g, F: 55 g, Kh: 39 g, kJ: 3953, kcal: 945, BE: 3,5

1. Poularde von innen und außen unter fließendem kalten Wasser abspülen und gut trocken tupfen. Von innen mit Salz und Pfeffer würzen.

2. Brötchen in kleine Würfel schneiden. Butter in einer Pfanne zerlassen. Brötchenwürfel darin anrösten, herausnehmen und abkühlen lassen.

3. Mehl in eine Rührschüssel geben. In die Mitte eine Vertiefung drücken und die Hefe hineinbröckeln. Zucker und etwas Milch hinzufügen, mit einer Gabel mit einem Teil des Mehls verrühren und zugedeckt 10–15 Minuten gehen lassen.

4. Restliche Milch, Ei und Salz hinzufügen. Die Zutaten mit Handrührgerät mit Knethaken zunächst kurz auf niedrigster, dann auf höchster Stufe in etwa 5 Minuten zu einem glatten, nicht zu festen Teig verarbeiten.

5. Backpflaumen in kurze Streifen schneiden. Thymian abspülen und trocken tupfen. Die Blättchen von den Stängeln zupfen. Blättchen klein schneiden. Brötchen-, Backpflaumenstreifen und Thymian unter den Hefeteig arbeiten. Den Teig zugedeckt so lange an einem warmen Ort gehen lassen, bis er sich verdoppelt hat (etwa 30 Minuten). Den Backofen vorheizen.

6. Den Teig kurz kneten und in die Poularde füllen. Die Bauchöffnung mit Zahnstochern und Küchengarn verschließen. Die Flügel mit Küchengarn unter den Körper binden, die Keulen zusammenbinden. Die Poularde von außen mit Salz und Pfeffer einreiben.

7. Butterschmalz in einer großen Pfanne erhitzen. Die Poularde darin von allen Seiten goldbraun anbraten und auf ein Backblech setzen. Wasser hinzugießen. Die Poularde mit Butter bestreichen. Das Backblech in den vorgeheizten Backofen schieben.

Ober-/Unterhitze: etwa 180 °C
Heißluft: etwa 160 °C
Backzeit: 45–60 Minuten.

8. Die Poularde vom Backblech nehmen und etwa 5 Minuten ruhen lassen. Zahnstocher und Küchengarn entfernen. Die Poularde mit einer Geflügelschere in Portionsstücke schneiden. Die Poulardenstücke warm stellen und die Füllung in Scheiben schneiden.

9. Die Poulardenstücke und die in Scheiben geschnittene Füllung auf einem vorgewärmten Teller anrichten und mit einem Teil des entstandenen Bratensaftes übergießen.

Tipp: Zu der Poularde einen **Endiviensalat** mit einem Dressing aus 2 Esslöffeln Vollmilchjoghurt, 1 Teelöffel mittelscharfen Senf, 4 Esslöffeln Traubenkernöl, 1 Esslöffel Obstessig, Salz und Pfeffer zubereiten und servieren.

Gebackene Stubenküken mit Remouladensauce und Kopfsalat

4 Portionen

Zubereitungszeit: *60 Minuten, ohne Marinierzeit*

3	*Stubenküken (je 300–400 g)*
3 Stängel	*Thymian*
100 g	*Crème fraîche*
	Salz
	frisch gemahlener Pfeffer
2	*Eier (Größe M)*
60 g	*Weizenmehl*
100 g	*Semmelbrösel*
100 g	*Butterschmalz*
1	*Bio-Zitrone (unbehandelt, ungewachst)*

Für die Remouladensauce:

3	*hart gekochte Eier (Größe M)*
1	*Gewürzgurke (aus dem Glas)*
1 EL	*Kapern*
1	*Sardellenfilet*
150 g	*Salatmayonnaise*
	frisch gehackte Petersilie
etwas	*Gurkenwasser (aus dem Gewürzgurkenglas)*

Für den Salat:

1 EL	*Crème fraîche*
1 TL	*körniger Dijon-Senf*
2 EL	*Apfelessig*
2 EL	*Sonnenblumenöl*
3 EL	*Traubenkernöl*
3–4 EL	*Geflügelbrühe*
	Salz
	frisch gemahlener Pfeffer
	Zucker
½ Bund	*Schnittlauch*
2	*Kopfsalate*

Pro Portion:
E: 46 g, F: 78 g, Kh: 29 g, kJ: 4162, kcal: 996, BE: 2,0

1. Stubenküken innen und außen unter fließendem kalten Wasser abspülen und trocken tupfen. Keulen und Brüste abtrennen und in eine flache Schale legen.

2. Thymian abspülen, trocken tupfen, Blätter abstreifen und hacken, mit Crème fraîche verrühren. Mit Salz und Pfeffer würzen. Die Fleischstücke mit der Crème-fraîche-Masse bestreichen und etwa 1 Stunde marinieren.

3. Für die Remouladensauce Eier pellen und klein hacken. Gurke in kleine Würfel schneiden. Abgetropfte Kapern und Sardellenfilet klein hacken. Mayonnaise in eine Schüssel geben, vorbereitete Zutaten und Petersilie unterrühren. Mit Salz und etwas Gurkenwasser abschmecken. Sauce kalt stellen.

4. Für den Salat Crème fraîche mit Senf und Essig verrühren. Nach und nach unter ständigem Schlagen die beiden Ölsorten dazugeben. Brühe unterrühren. Mit Salz, Pfeffer und evtl. Zucker abschmecken. Schnittlauch abspülen, trocken tupfen, in Röllchen schneiden und unterrühren.

5. Kopfsalate putzen. Die Blätter vom Strunk befreien, waschen, trocken tupfen oder trocken schleudern und in mundgerechte Stücke zupfen.

6. Die Fleischstücke aus der Marinade nehmen, abtropfen lassen. Eier in einer flachen Schüssel verschlagen. Die Fleischstücke zuerst in Mehl wenden, dann in dem verschlagenen Ei und zuletzt in Semmelbröseln wenden. Panade gut andrücken.

7. Jeweils etwas Butterschmalz in zwei Pfannen erhitzen. Die Fleischstücke darin portionsweise von beiden Seiten goldbraun backen. Fleischstücke auf Küchenpapier abtropfen lassen, evtl. kurz warm stellen. Zitrone abspülen, trocken tupfen und in Spalten schneiden.

8. Salatblätter mit der Salatsauce mischen und anrichten. Stubenküken mit Remouladensauce, Zitronenspalten und Salat servieren.

Babypute mit Aprikosen-Walnuss-Sauce

4–6 Portionen

Zubereitungszeit: *55 Minuten, ohne Abkühl- und Einweichzeit*

250 g getrocknete Aprikosen

Für die Füllung:
6 getrocknete Brötchen (Semmeln, etwa 230 g)
100 g Butter
170 g Weizenmehl
3 Eier (Größe M)
Salz
200 ml Milch

1 Babypute (etwa 3 kg)
Salz
frisch gemahlener Pfeffer
4 EL Speiseöl

40 g frischer Ingwer
200 g Aprikosenkonfitüre
etwas Chilipulver
½ TL gemahlener Zimt
200 g halbierte Walnusskerne
125 ml (⅛ l) Aprikosenlikör
250 ml (¼ l) Fleischbrühe
200 g Schmand (Sauerrahm)

Außerdem:
Holzstäbchen
Küchengarn

Pro Portion:
E: 119 g, F: 92 g, Kh: 120 g, kJ: 7885, kcal: 1885, BE: 10,0

1. Aprikosen mit kaltem Wasser bedecken und einweichen.

2. Für die Füllung Brötchen in kleine Würfel schneiden. Jeweils die Hälfte der Butter in einer Pfanne zerlassen. Die Brötchenwürfel darin in 2 Portionen goldgelb rösten, herausnehmen und abkühlen lassen.

3. Mehl in eine Rührschüssel geben. Eier, Salz und Milch hinzufügen und mit einem Schneebesen gut durchschlagen, bis der Teig Blasen wirft und geschmeidig ist. Die gerösteten Brötchenwürfel unterrühren. Den Backofen vorheizen.

4. Die Pute von innen und außen unter fließendem kalten Wasser abspülen, trocken tupfen. Von innen und außen mit Salz und Pfeffer einreiben. Füllung durchrühren und in die Pute füllen. Die Bauchöffnung mit kleinen Holzstäbchen und Küchengarn verschließen. Die Keulen an den Enden zusammenbinden.

5. Die Pute auf der Brustseite mit 2 Esslöffeln Öl bestreichen und mit der Brustseite nach unten in einen Bräter legen. 150 ml Wasser in den Bräter gießen. Den Bräter auf dem Rost in den vorgeheizten Backofen schieben.

Ober-/Unterhitze: etwa 180 °C (untere Schiene)
Heißluft: etwa 160 °C
Garzeit: etwa 90 Minuten.

6. Sobald der Bratensatz bräunt, etwas Wasser hinzufügen. Eingeweichte Aprikosen abtropfen lassen.

7. Die Pute nach etwa 60 Minuten Garzeit auf den Rücken drehen und mit dem restlichen Speiseöl bestreichen. Aprikosen in den Bräter geben. Die Pute bei **gleicher Backofentemperatur** weitere **etwa 20 Minuten** garen.

8. In der Zwischenzeit den Ingwer schälen und in sehr kleine Würfel schneiden. Konfitüre durch ein Sieb streichen, mit Ingwerwürfeln, Chili und Zimt verrühren.

9. Den Bräter aus dem Ofen nehmen, die Pute auf der Brustseite mit der Konfitüren-Ingwer-Mischung bestreichen. Walnusskerne, Likör und Brühe in den Bräter geben. Den Bräter wieder auf dem Rost in den heißen Backofen schieben und die Pute fertig garen.

Ober-/Unterhitze: 160–180 °C
Heißluft: 140–160 °C
Garzeit: etwa 20 Minuten.

10. Die Pute aus dem Bräter nehmen, auf einer vorgewärmten Platte anrichten und warm stellen.

11. Die Sauce etwas einkochen lassen. Schmand unterrühren. Die Sauce mit den Gewürzen abschmecken und zu der Pute servieren.

Beilage: Gedünstetes Mangoldgemüse und die Semmelknödelfüllung.

Putenrouladen mit Spinat und Schwarzwälder Schinken

4 Portionen

Zubereitungszeit: *50 Minuten, ohne Abkühlzeit*

500 g	*Spinat*
2	*Schalotten*
30 g	*Butter*
	Salz
	frisch gemahlener Pfeffer
	frisch geriebene Muskatnuss
2 EL	*Crème fraîche*
8	*kleine Putensteaks (je etwa 80 g)*
2 TL	*Currypulver*
8 Scheiben	*Schwarzwälder Schinken*
30 g	*Butterschmalz*
200 g	*Pfifferlinge oder Pilze der Saison*
1 TL	*Kräuteressig*
200 ml	*Geflügelbrühe*
40 g	*kalte Butter*
2 EL	*Schnittlauchröllchen*

Außerdem:

8	*kleine Holzstäbchen*

Pro Portion:
E: 49 g, F: 30 g, Kh: 3 g, kJ: 2005, kcal: 480, BE: 0

1. Spinat putzen, waschen, abtropfen lassen und in kochendem Salzwasser 1–2 Minuten blanchieren. Spinat in kaltem Wasser abschrecken und in einem Sieb abtropfen lassen.

2. Schalotten abziehen und in kleine Würfel schneiden. Butter in einer Pfanne zerlassen, Schalottenwürfel darin andünsten. Blanchierten Spinat leicht ausdrücken, hinzugeben, mit Salz, Pfeffer und Muskat würzen. Crème fraîche unterrühren. Spinatmasse etwas abkühlen lassen.

3. Putensteaks unter fließendem kalten Wasser abspülen und trocken tupfen. Steaks zwischen zwei Lagen Frischhaltefolie legen und mit einem Fleischklopfer etwas flachklopfen. Mit Salz, Pfeffer und Curry würzen. Die Putensteaks mit je einer Scheibe Schinken belegen.

4. Jeweils etwas Spinatmasse in die Mitte der Putensteaks geben, Steaks aufrollen, mit Holzstäbchen feststecken.

5. Butterschmalz in einer Pfanne erhitzen. Putenrouladen darin von allen Seiten gut anbraten.

6. Pfifferlinge putzen, mit Küchenpapier abreiben, eventuell abspülen und gut trocken tupfen. Pfifferlinge zu den Putenrouladen geben und mit anbraten. Mit Essig und Brühe ablöschen. Die Putenrouladen bei schwacher Hitze etwa 5 Minuten gar ziehen lassen.

7. Die Putenrouladen aus der Pfanne nehmen und auf vorgewärmten Tellern anrichten.

8. Butter in kleinen Stücken unter die Pfifferlinge rühren, Schnittlauchröllchen hinzufügen. Die Pfifferlinge auf den Putenrouladen verteilen.

Tipp: Dazu passen Gnocchi, die z. B. in Butter mit Tomatenwürfeln geschwenkt wurden.

Gans mit Majoranäpfeln gefüllt

6 Portionen

Zubereitungszeit: *70 Minuten*

1	*küchenfertige Gans mit Hals und Innereien (4,5–5 kg)*
	Salz
	frisch gemahlener Pfeffer
1 kg	*säuerliche Äpfel, z. B. Boskop*
1 Bund	*Majoran*
4	*Zwiebeln (etwa 200 g)*
2 Stängel	*Thymian*
3	*Lorbeerblätter*
	kaltes Salzwasser
250 ml (¼ l)	*Geflügelfond oder -brühe*
100 ml	*Rotwein*
2 TL	*Speisestärke*
1	*kleiner Apfel zum Garnieren*

Außerdem:
Küchengarn
Zahnstocher

Pro Portion:
E: 71 g, F: 71 g, Kh: 20 g, kJ: 4217, kcal: 1008, BE: 1,5

1. Das Fett der Gans herausnehmen. Den Hals, möglichst ohne Haut, abschneiden. Die Gans von innen und außen, sowie Hals und Innereien unter fließendem kalten Wasser abspülen und trocken tupfen. Den Hals in Stücke teilen und mit den Innereien beiseitelegen. Die Gans von innen mit Salz und Pfeffer einreiben. Die Haut vom Hals mit Zahnstochern am Rücken feststecken. Den Backofen vorheizen.

2. Äpfel schälen, vierteln und die Kerngehäuse entfernen. Majoran abspülen und trocken tupfen. Einige Stängel zum Garnieren beiseitelegen. Von den restlichen Stängeln die Blätter abzupfen, mit den Apfelvierteln mischen und in die Gans füllen. Die Öffnung mit Zahnstochern und Küchengarn verschließen. Flügel mit Küchengarn unter den Rumpf binden, Keulen zusammenbinden. Die Fettpfanne des Backofens mit Wasser ausspülen. Die Gans mit dem Rücken nach unten hineinlegen und in den vorgeheizten Backofen schieben.

Ober-/Unterhitze: 180–200 °C (untere Schiene)
Heißluft: 160–180 °C
Bratzeit: etwa 3 Stunden.

3. Zwiebeln abziehen und grob zerkleinern. Thymian abspülen, trocken tupfen und mit dem Gänsehals, den Innereien und Lorbeerblättern in die Fettpfanne geben. Sobald der Bratensatz bräunt, etwas Wasser hinzugießen. Nach etwa 1 Stunde Bratzeit die Gans auf die Brustseite legen und gelegentlich mit dem Bratensatz begießen. Verdampfte Flüssigkeit nach und nach durch Wasser ersetzen. Während des Bratens ab und zu unterhalb der Flügel und Keulen in die Gans stechen, damit das Fett besser ausbraten kann.

4. Etwa 10 Minuten vor Ende der Garzeit die Gans wieder umdrehen. Mit etwas kaltem Salzwasser bestreichen und **die Backofentemperatur auf 200–220 °C** hochschalten, damit die Haut schön kross wird.

5. Die Gans aus dem Bräter nehmen, Küchengarn und Holzstäbchen entfernen. Die Gans warmstellen. Den Bratensatz in der Fettpfanne mit etwas Wasser lösen und durch ein Sieb in einen Topf gießen, das Fett abschöpfen.

6. Den Bratensatz nach Belieben mit Geflügelfond oder -brühe und Rotwein auffüllen und etwa 5 Minuten einkochen lassen. Speisestärke mit 2 Esslöffeln Wasser anrühren, in die Sauce rühren und unter Rühren aufkochen. Die Sauce mit Salz und Pfeffer abschmecken.

7. Den Apfel abspülen, vierteln, das Kerngehäuse entfernen, die Viertel in Scheiben schneiden. Die Gans auf einer vorgewärmten Platte anrichten, mit Apfelscheiben und dem beiseite gelegten Majoran garnieren und mit der Sauce servieren.

Beilage: Apfelrotkohl, glasierte Maronen (Esskastanien), Kartoffelklöße und Apfelscheiben. Für die **glasierten Maronen** 2 Esslöffel Zucker in einer Pfanne hellbraun karamellisieren lassen. Mit je 100 ml Rotwein und Geflügelbrühe ablöschen, 200 g geschälte Maronen aus dem Kühlregal hinzugeben. Das Ganze zum Kochen bringen und um die Hälfte einkochen lassen. Mit etwas Balsamico-Essig, Salz und Pfeffer würzen.

Entenkeulen auf Honig-Rotwein-Zwiebeln

4 Portionen

Zubereitungszeit: *45 Minuten, ohne Abkühlzeit*

700 g	*kleine, festkochende Kartoffeln*
2	*Lorbeerblätter*
500 g	*rote Zwiebeln*
4 Stängel	*Thymian*
2 Stängel	*Rosmarin*
4	*Entenkeulen (je etwa 160 g)*
	Salz
	frisch gemahlener Pfeffer
½ TL	*gemahlener Koriander*
2 EL	*Butterschmalz*
100 ml	*Rotwein*
250 ml (¼ l)	*Geflügelbrühe*
2–3 TL	*flüssiger Honig*

Pro Portion:
E: 25 g, F: 35 g, Kh: 37 g, kJ: 2440, kcal: 583, BE: 2,5

1. Kartoffeln gründlich waschen, abtropfen lassen, mit Lorbeerblättern in einen Topf geben. Kartoffeln knapp mit Wasser bedecken, aufkochen lassen und etwa 15 Minuten vorgaren.

2. Zwiebeln abziehen und in Spalten schneiden. Thymian und Rosmarin abspülen und trocken tupfen.

3. Entenkeulen unter fließendem kalten Wasser abspülen, trocken tupfen, mit Salz, Pfeffer und Koriander bestreuen. Butterschmalz in einem Bräter erhitzen. Entenkeulen darin von beiden Seiten goldbraun anbraten und herausnehmen. Den Backofen vorheizen.

4. Kartoffeln abgießen und etwas abkühlen lassen. Kleine Kartoffeln ganz lassen, größere Kartoffeln durchschneiden. Kartoffeln mit Zwiebeln und Kräutern in den Bräter geben und in dem Bratensatz wenden.

5. Die Entenkeulen auf das Zwiebel-Kartoffel-Gemüse legen. Rotwein und Brühe hinzugießen. Den Bräter auf dem Rost in den vorgeheizten Backofen schieben.

Ober-/Unterhitze: etwa 160 °C
Heißluft: etwa 140 °C
Garzeit: 30–40 Minuten.

6. Die Entenkeulen aus dem Bräter nehmen (sie sind gar, wenn sich das Fleisch leicht von den Knochen löst) und warm stellen.

7. Das Zwiebel-Kartoffel-Gemüse weiterkochen, bis nur noch wenig Flüssigkeit vorhanden ist. Rosmarin und Thymian entfernen. Das Gemüse mit Salz, Pfeffer und Honig abschmecken und mit den Entenkeulen servieren.

Tipp: Die Entenkeulen kurz vor dem Servieren unter den vorgeheizten Grill des Backofens legen und kurz gratinieren, damit die Haut knusprig ist.
Dazu passt ein gemischter Blattsalat mit Trauben und Walnusskernen.

Rosa gebratene Entenbrust mit Spekulatiuskruste und Schwarzwurzel-Wirsing-Gemüse

4 Portionen

Zubereitungszeit: *30 Minuten*

1 Stängel Rosmarin
150 g Spekulatius
80 g weiche Butter
1 Eigelb (Größe M)
1 TL flüssiger Honig
Salz
4 Entenbrüste (je 200 g)
frisch gemahlener Pfeffer
2 EL Speiseöl
4 EL Feigensenf
3 Stängel Majoran

Pro Portion:
E: 46 g, F: 82 g, Kh: 30 g,
kJ: 4335, kcal: 1034, BE: 2,0

1. Rosmarin abspülen und trocken tupfen. Nadeln von dem Stängel zupfen und klein schneiden. Spekulatius in einen Gefrierbeutel geben, Beutel fest verschließen. Spekulatius mit einer Teigrolle grob zerkleinern.

2. Butter mit Handrührgerät mit Rührbesen schaumig rühren, Eigelb unterrühren. Rosmarin, Spekulatiusbrösel und Honig unter die Buttermasse rühren. Mit Salz würzen.

3. Entenbrüste unter fließendem kalten Wasser abspülen und trocken tupfen. Auf der Hautseite mit einem scharfen Messer in die Fettschicht ein Rautenmuster schneiden. Entenbrüste auf der Fleischseite mit Salz und Pfeffer würzen.

4. Speiseöl in einer großen Pfanne erhitzen. Die Entenbrüste mit der Hautseite nach unten in die Pfanne legen und gut anbraten. Entenbrüste umdrehen und kurz auf der Fleischseite braten.

5. Entenbrüste herausnehmen, mit der Hautseite nach oben auf einem Backblech verteilen und mit Feigensenf bestreichen. Den Backofen vorheizen.

6. Die Spekulatiusmasse gleichmäßig auf den Entenbrüsten verteilen. Das Backblech in den vorgeheizten Backofen schieben.

Ober-/Unterhitze: etwa 160 °C
Heißluft: etwa 140 °C
Garzeit: 6–10 Minuten.

7. Majoran abspülen, trocken tupfen und in Zweige zupfen. Die Entenbrüste vom Backblech nehmen, etwa 4 Minuten ruhen lassen. Entenbrüste aufschneiden, mit Majoranzweigen anrichten und servieren.

Beilage: **Schwarzwurzel-Wirsing-Gemüse**.
Dafür 400 g Schwarzwurzeln unter fließendem kalten Wasser gründlich bürsten, schälen, Wurzelspitzen und Blattansätze entfernen. Schwarzwurzeln abspülen und sofort in Milchwasser (250 ml [¼ l] Milch, 500 ml [½ l] Wasser) legen, damit sie weiß bleiben. Wurzeln in etwa 3 cm lange Stücke schneiden. 70 ml Gemüsefond und 30 g Butter zum Kochen bringen. Schwarzwurzelstücke dazugeben und im geschlossenen Topf etwa 15 Minuten dünsten, mit einer Schaumkelle herausnehmen. Fond etwas einkochen lassen, 1 Esslöffel Crème double unterrühren. Mit Salz, Pfeffer und Zucker abschmecken. 300 g geputzten Wirsingkohl abspülen, abtropfen lassen und in Streifen schneiden. 1 Schalotte abziehen, in kleine Würfel schneiden. 30 g geräucherten, durchwachsenen Speck fein würfeln. 20 g Butter zerlassen. Schalotten- und Speckwürfel darin anbraten. Wirsingstreifen hinzugeben, mitdünsten lassen, mit 70 ml Gemüsefond ablöschen. Wirsingstreifen im geschlossenen Topf bissfest garen. Mit Salz, Pfeffer und Muskat abschmecken und unter das Schwarzwurzelgemüse geben. Gemüse anrichten, mit etwas Crema di Balsamico (oder dickflüssigem Balsamico-Essig) beträufeln und sofort servieren.

Flugente mit Thymian

4 Portionen

Zubereitungszeit: *40 Minuten*

1 kg	*gleich große Kartoffeln*
	Salz
1 Bund	*Thymian*
1 Stängel	*Rosmarin*
2 EL	*Olivenöl*
1	*küchenfertige Flugente (etwa 2 kg)*
2	*mittelgroße Zwiebeln*

Pro Portion:
E: 68 g, F: 26 g, Kh: 35 g, kJ: 2730, kcal: 653, BE: 3,0

1. Kartoffeln gründlich waschen, mit Wasser bedeckt zum Kochen bringen, Salz hinzufügen. Kartoffeln zugedeckt etwa 20 Minuten garen.

2. Thymian und Rosmarin abspülen und trocken tupfen. Von zwei Dritteln der Thymianstängel die Blätter abzupfen. Restliche Thymianstängel beiseitelegen. Rosmarinnadeln abstreifen und hacken.

3. Kartoffeln abgießen, unter kaltem Wasser abschrecken, sofort pellen und in eine Schüssel geben. Kartoffeln mit Thymianblättchen, Rosmarinnadeln und Salz bestreuen und mit Olivenöl beträufeln. Den Backofen vorheizen.

4. Flugente von innen und außen unter fließendem kalten Wasser abspülen und trocken tupfen. Von innen und außen mit Salz einreiben. Die Ente mit einem Teil der Kräuterkartoffeln füllen.

5. Die Ente mit dem Rücken nach unten in einen Bräter legen. Den Bräter auf dem Rost in den vorgeheizten Backofen schieben.

Ober-/Unterhitze: etwa 220 °C
Heißluft: etwa 200 °C
Bratzeit: etwa 1 ½ Stunden.

6. In der Zwischenzeit Zwiebeln abziehen, vierteln und zu der Ente in den Bräter geben. Während des Bratens ab und zu unterhalb der Flügel und Keulen in die Ente stechen, damit das Fett ausbraten kann.

7. Nach etwa 30 Minuten Bratzeit das angesammelte Fett abschöpfen. Sobald der Bratensatz anfängt zu bräunen, etwas heißes Wasser hinzugießen. Die Ente ab und zu mit dem Bratensatz begießen. Verdampfte Flüssigkeit durch Wasser ersetzen. Etwa 15 Minuten vor Ende der Bratzeit die restlichen Kräuterkartoffeln zu der Ente in den Bräter geben und kurz mitbraten lassen.

8. Die Ente mit den Kräuterkartoffeln anrichten und mit restlichem Thymian garnieren. Den Bratensatz eventuell abgießen, falls nötig entfetten und getrennt dazureichen.

Tipp: Zu der Flugente passt sehr gut ein **Rote-Bete-Apfel-Püree** und eine **Pistaziensauce**. Für das Püree 2 mittelgroße Rote Bete abspülen, in Salzwasser mit etwas Kümmel weich kochen, enthäuten und in grobe Würfel schneiden. 2 süße Äpfel waschen, schälen, vierteln, entkernen, in Würfel schneiden. Etwas Zucker karamellisieren lassen, Apfelwürfel und 1 kleines Stück Zimtstange darin andünsten. Mit je 100 ml Weißwein und Gemüsebrühe ablöschen. Rote-Bete-Würfel hinzugeben. Zutaten weich kochen. Zimtstange entfernen und die Masse pürieren. Mit Salz, Pfeffer und Muskat abschmecken.

Für die Sauce 100 g Pistazienkerne in einer Pfanne ohne Fett anrösten und erkalten lassen. Mit 50 ml Traubenkernöl und 100 ml Geflügelbrühe in einen hohen Rührbecher geben und mit einem Mixstab zu einer geschmeidigen Masse verrühren. Mit 1 Esslöffel Balsamico-Essig, 1 Teelöffel Honig, Salz und Pfeffer abschmecken. 1–2 Esslöffel klein geschnittene, rohe Selleriewürfel unterrühren. Sollte die Sauce zu dick sein, zu gleichen Teilen Traubenkernöl und Geflügelbrühe unterrühren.

Etwas aufwändiger – mit Alkohol

Hasenrückenfilets im Wirsingmantel

6 Portionen

Zubereitungszeit: *100 Minuten, ohne Abkühlzeit*

150 g	*Champignons*
2	*Schalotten*
3 Stängel	*glatte Petersilie*
2 EL	*Butter*
1–2 TL	*weißer Balsamico-Essig*
	Salz
	frisch gemahlener Pfeffer
200 g	*Putenbrustfilet (gut gekühlt)*
150 g	*Schlagsahne (gut gekühlt)*
2 Stängel	*Rosmarin*
2 Stängel	*Thymian*
5	*Wacholderbeeren*
4 cl	*roter Portwein*
4	*Hasenrückenfilets (küchenfertig)*
2 EL	*Butterschmalz*
100 ml	*Rotwein*
400 ml	*Wildfond*
100 g	*Hagebutten- oder Johannisbeermark (aus dem Reformhaus)*
6	*äußere, große Blätter Wirsingkohl*
1	*Schweinenetz (beim Metzger vorbestellen)*
250 g	*Pfifferlinge*
1 TL	*Speisestärke*
1 EL	*Wasser*
1 EL	*Butter*
einige	*Rosmarinstängel zum Garnieren*

Pro Portion:
E: 40 g, F: 27 g, Kh: 11 g, kJ: 1991, kcal: 476, BE: 1,0

1. Champignons putzen, mit Küchenpapier abreiben, evtl. abspülen, abtropfen lassen und in kleine Würfel schneiden. Schalotten abziehen und in kleine Würfel schneiden. Petersilie abspülen, Blätter von den Stängeln zupfen und hacken. Butter in einer Pfanne zerlassen. Champignons kurz darin andünsten, Schalottenwürfel hinzugeben. Mit Essig ablöschen, Petersilie unterrühren und mit Salz und Pfeffer würzen. Champignonmasse abkühlen lassen und kalt stellen.

2. Putenbrustfilet unter fließendem kalten Wasser abspülen, trocken tupfen, die Sehne entfernen. Putenbrust in kleine Würfel schneiden. Fleischwürfel und Sahne in 2 Portionen im Zerkleinerer zu einer glatten Masse verarbeiten. (Wichtig: Fleisch und Sahne müssen kalt sein, damit eine gebundene Masse entsteht.) Kalt stellen.

3. Rosmarin und Thymian abspülen, trocken tupfen. Die Nadeln bzw. Blättchen von den Stängeln zupfen, Nadeln und Blättchen klein schneiden. Wacholderbeeren in einem Mörser zerstoßen. Portwein, Rosmarin, Thymian und Wacholderbeeren unter die Putenbrustmasse heben. Mit Salz und Pfeffer würzen, wieder kalt stellen.

4. Hasenrückenfilets unter fließendem kalten Wasser abspülen, trocken tupfen und mit Salz und Pfeffer würzen. Butterschmalz in einer Pfanne erhitzen. Rückenfilets darin von allen Seiten scharf anbraten und herausnehmen. Den Bratensatz mit Rotwein ablöschen, Wildfond hinzugießen, Hagebutten- oder Johannisbeermark unterrühren und zum Kochen bringen. Fond um zwei Drittel einkochen lassen und beiseitestellen.

5. Wirsingblätter abspülen, kurz in kochendem Salzwasser blanchieren, in kaltem Wasser abschrecken, in einem Sieb abtropfen lassen und mit Küchenpapier trocken tupfen. Die dicken Blattrippen herausschneiden. Den Backofen vorheizen.

6. Die Champignon- und Putenbrustmasse miteinander vermengen. Die Wirsingblätter in der Mitte damit bestreichen. Die Hasenrückenfilets darauflegen. Die Blätter zur Mitte einschlagen, die Filets in die Blätter einrollen. Das Schweinenetz in kaltem Wasser etwa 20 Minuten einweichen, abtropfen lassen, auf einem Geschirrtuch ausbreiten, trocken tupfen und in 6 gleich große Stücke schneiden. Jede Wirsingrolle auf ein Stück Schweinenetz legen und darin einwickeln. Die Rollen auf ein Backblech (gefettet) legen. Das Backblech in den vorgeheizten Backofen schieben.

Ober-/Unterhitze: etwa 160 °C
Heißluft: etwa 140 °C
Garzeit: etwa 20 Minuten.

7. Pfifferlinge putzen, große Pfifferlinge halbieren. Den beiseite gestellten Fond aufkochen. Stärke mit etwas Wasser verrühren, unter Rühren in den Fond geben und aufkochen. Sauce mit Salz und Pfeffer abschmecken.

8. Die Wirsingrollen vom Backblech nehmen und etwa 5 Minuten ruhen lassen. Butter in einer Pfanne erhitzen. Die Pfifferlinge darin anbraten, mit Salz und Pfeffer würzen. Wirsingrollen evtl. aus den Netzen lösen, in Scheiben schneiden und mit der Sauce auf vorgewärmten Tellern anrichten. Pfifferlinge dazugeben. Mit Rosmarin garnieren.

Tipp: Die Wirsingrollen statt in Schweinenetze, wie Bonbons in entsprechend große, gebutterte Stücke Alufolie wickeln und wie beschrieben garen.

Etwas teurer – mit Alkohol

Hirschrückenmedaillons unter einer Haselnusskruste

4 Portionen

Zubereitungszeit: *70 Minuten*

Für die Spätburgundersauce:

2	rote Zwiebeln
400 ml	Spätburgunder
1	Lorbeerblatt
200 ml	kräftiger Wildfond
2 EL	Butter
	evtl. etwas Speisestärke

Für das Gemüse:

500 g	Rosenkohl
	Salz
1	Möhre (100 g)
50 g	Butter
	frisch geriebene Muskatnuss

Für die Haselnusskruste:

2 Stängel	Rosmarin
2 Stängel	Thymian
80 g	ganze, abgezogene Haselnusskerne
50 g	Toastbrot, ohne Rinde
80 g	Butter
1	Eigelb (Größe M)
2 EL	flüssiger Honig

Für die Hirschrückenmedaillons:

500 g	magerer Hirschkalbsrücken ohne Knochen
	frisch gemahlener Pfeffer
2 Stängel	Rosmarin
2 Stängel	Thymian
1 EL	Butterschmalz
2	Lorbeerblätter
4	Wacholderbeeren
1 EL	Butter

Pro Portion:
E: 35 g, F: 54 g, Kh: 23 g, kJ: 3314, kcal: 791, BE: 1,5

1. Für die Sauce Zwiebeln abziehen und in feine Streifen schneiden. Mit Spätburgunder und Lorbeerblatt in einen Topf geben, zum Kochen bringen und langsam auf ein Viertel einkochen lassen. Sauce durch ein Sieb gießen und mit dem Wildfond nochmals um die Hälfte einkochen lassen.

2. Für das Gemüse Rosenkohl putzen, abspülen und abtropfen lassen. Die Blätter abtrennen, den festen Innenteil in feine Streifen schneiden. Rosenkohlblätter und Innenteil kurz in kochendem Salzwasser blanchieren, in kaltem Wasser abschrecken und in einem Sieb abtropfen lassen. Möhre schälen, abspülen und in feine Würfel schneiden.

3. Für die Haselnusskruste Rosmarin und Thymian abspülen, trocken tupfen, Nadeln bzw. Blätter abzupfen und hacken. Haselnusskerne klein hacken, in einer Pfanne ohne Fett kurz rösten und herausnehmen. Toastbrot in kleine Würfel schneiden. 30 g Butter in der Pfanne erhitzen. Die Brotwürfel darin goldgelb rösten und herausnehmen.

4. Für die Medaillons Hirschkalbsrücken unter fließendem kalten Wasser abspülen, trocken tupfen und in 8 gleich große Medaillons schneiden. Mit Salz und Pfeffer würzen. Den Backofen vorheizen.

5. Rosmarin und Thymian abspülen und trocken tupfen. Butterschmalz in einer ofenfesten Pfanne erhitzen. Hirschmedaillons darin von beiden Seiten gut anbraten. Lorbeerblätter, Wacholderbeeren, Rosmarin, Thymian und Butter hinzufügen.

6. Die Pfanne auf dem Rost in den vorgeheizten Backofen schieben.

Ober-/Unterhitze: 120–140 °C
Heißluft: 100–120 °C
Garzeit: etwa 20 Minuten.

7. Für die Kruste restliche Butter (50 g) mit Handrührgerät mit Rührbesen schaumig schlagen. Eigelb unterrühren. Haselnusskerne und Brotwürfel gut untermengen. Rosmarin, Thymian und Honig unterrühren. Mit Salz und Pfeffer würzen.

8. Für das Gemüse Butter zerlassen, Rosenkohlblätter, -streifen und Möhrenwürfel zugedeckt etwa 5 Minuten darin dünsten.

9. Die Pfanne mit den Medaillons kurz vor Ende der Garzeit aus dem Backofen nehmen. Den Backofengrill vorheizen. Die Haselnussmasse in 8 Portionen teilen, auf die Medaillons streichen und leicht andrücken. Die Medaillons unter dem vorgeheizten Grill 2–3 Minuten überbacken.

10. Das Gemüse mit Salz, Pfeffer und Muskat würzen. Die Spätburgundersauce aufkochen, Stärke mit etwas Wasser verrühren, in die Sauce rühren und nochmals aufkochen. Die Sauce mit Salz und Pfeffer abschmecken.

11. Das Gemüse auf vorgewärmte Teller verteilen. Fleisch und etwas Sauce dazugeben. Sofort servieren.

Schnell – mit Alkohol

Hirschrückensteak mit Gewürzgurken und Sauerrahm

4 Portionen

Zubereitungszeit: *35 Minuten*

3	*Schalotten*
4	*Hirschrückensteaks (je 170–180 g)*
	Salz
	frisch gemahlener Pfeffer
2 EL	*Butterschmalz*
2 EL	*Butter*
100 ml	*Rotwein*
150 g	*Gewürzgurken (aus dem Glas)*
200 ml	*Wildfond*
½ Bund	*glatte Petersilie*
100 g	*Schmand (Sauerrahm)*

Pro Portion:
E: 38 g, F: 23 g, Kh: 3 g, kJ: 1610, kcal: 384, BE: 0

1. Schalotten abziehen, halbieren und in halbe Ringe schneiden. Hirschrückensteaks kurz unter fließendem kalten Wasser abspülen und trocken tupfen. Mit Salz und Pfeffer würzen.

2. Butterschmalz in einer ofenfesten Pfanne erhitzen. Die Steaks darin von beiden Seiten scharf anbraten und herausnehmen. Das Bratfett abgießen, die Butter in die Pfanne zum Bratensatz geben.

3. Schalotten in der Butter kurz andünsten. Mit Rotwein ablöschen, zum Kochen bringen und etwas einkochen lassen. Den Backofen vorheizen.

4. Die Steaks auf die Schalotten legen. Die Pfanne auf dem Rost in den vorgeheizten Backofen schieben.

Ober-/Unterhitze: etwa 160 °C
Heißluft: etwa 140 °C
Garzeit: etwa 10 Minuten.

5. In der Zwischenzeit Gewürzgurken abtropfen lassen und der Länge nach in feine Streifen schneiden. Wildfond in einem Topf erhitzen. Petersilie abspülen und trocken tupfen.

6. Die Steaks aus der Pfanne nehmen und kurz ruhen lassen. Den Bratensatz mit den Schalotten und die Gurkenstreifen zu dem Fond geben und einmal aufkochen lassen.

7. Schmand auf 4 vorgewärmte Tellern verteilen, die Steaks darauflegen und mit der Gurkensauce übergießen. Mit Petersilie garnieren.

Tipp: Hierzu passt sehr gut ein **Kartoffelpüree mit Preiselbeeren und Petersilie**. Dafür Kartoffelpüree zubereiten und kurz vor dem Servieren zwei Esslöffel Preiselbeeren aus dem Glas und etwas frisch geschnittene Petersilie unterrühren.

Für Gäste – mit Alkohol

Rehkeule in Preiselbeersauce

6 Portionen

Zubereitungszeit: *50 Minuten, ohne Marinierzeit*

1	*Rehkeule (etwa 2,5 kg)*
je 2 Stängel	*Thymian und Rosmarin*
2	*Lorbeerblätter*
2 EL	*flüssiger Honig*
1 TL	*gemahlener Koriander*
1 Msp.	*gemahlener Piment*
1 Stange	*Porree (Lauch)*
2	*Möhren*
200 g	*Knollensellerie*
1	*Gemüsezwiebel (150 g)*
2 EL	*Butterschmalz*
1 EL	*Tomatenmark*
400 ml	*Rotwein*
3 EL	*Preiselbeeren aus dem Glas*
400 ml	*Wasser*
	Salz
	frisch gemahlener Pfeffer
2 EL	*kalte Butter*

Pro Portion:
E: 72 g, F: 16 g, Kh: 12 g, kJ: 2199, kcal: 526, BE: 1,0

1. Die Rehkeule unter fließendem kalten Wasser abspülen und trocken tupfen. Thymian und Rosmarin abspülen und trocken tupfen. Die Blättchen bzw. Nadeln von den Stängeln zupfen. Blättchen und Nadeln klein schneiden, Lorbeerblätter in kleine Stücke brechen. Kräuter und Lorbeer mit Honig, Koriander und Piment verrühren. Die Rehkeule damit bestreichen und in einen großen Gefrierbeutel geben, den Beutel verschließen. Rehkeule über Nacht kalt stellen und durchziehen lassen.

2. Porree putzen, längs halbieren, gründlich waschen und in kleine Stücke schneiden. Möhren und Sellerie putzen, schälen, abspülen, abtropfen lassen und in kleine Würfel schneiden. Zwiebel abziehen und in kleine Würfel schneiden. Den Backofen vorheizen.

3. Butterschmalz in einem Bräter erhitzen. Vorbereitetes Gemüse darin anbraten, Tomatenmark unterrühren und anrösten. Mit der Hälfte des Rotweins ablöschen, zum Kochen bringen und einkochen lassen. Restlichen Rotwein und 2 Esslöffel Preiselbeeren hinzugeben. Die Rehkeule aus dem Beutel nehmen, mit Salz bestreuen und auf das Gemüse legen. Wasser hinzugießen. Den Bräter auf dem Rost in den vorgeheizten Backofen schieben.

Ober-/Unterhitze: 160–180 °C
Heißluft: 140–160 °C
Backzeit: 45–60 Minuten (ist dann immer noch rosa).

4. Verdampfte Flüssigkeit nach und nach durch Wasser ersetzen.

5. Die Rehkeule aus dem Bräter nehmen und warm stellen. Den Bratenfond durch ein Sieb in einen Topf gießen, etwas einkochen lassen, restliche Preiselbeeren unterrühren. Die Sauce mit Salz und Pfeffer abschmecken. Topf von der Kochstelle nehmen. Butter in kleinen Stücken in die Sauce rühren.

6. Den Knochen aus der Rehkeule heraustrennen, das Fleisch in Scheiben schneiden. Ausgetretenen Fleischsaft in die Sauce geben. Das Fleisch mit der Sauce auf vorgewärmten Tellern anrichten.

Tipp: Die Rehkeule mit einem **Porree-Gemüse** servieren.
Dafür 1 kg Porree (Lauch) putzen, gründlich waschen und schräg in etwa 3 cm lange Stücke schneiden. Die Porreestücke nochmals abspülen. Etwa 125 ml (1/8 l) Gemüsebrühe in einem Topf aufkochen, Porreestücke in den Topf geben und aufkochen. Porreestücke im geschlossenen Topf 15–20 Minuten garen. 4 Stängel Thymian abspülen, trocken tupfen, die Blätter abzupfen und hacken. Kurz vor Ende der Garzeit 80 g Butter in einer Pfanne zerlassen, 3–4 Esslöffel Semmelbrösel darin goldbraun rösten, den gehackten Thymian dazugeben und erhitzen. Porree abgießen, abtropfen lassen und mit Fleisch und Sauce auf Tellern anrichten. Die Bröselbutter über die Porreestücke geben.

Zu Rehkeule passen auch sehr gut:
Kartoffel-Lorbeer-Püree und Mandel-Möhren-Gemüse
Für das Kartoffel-Lorbeer-Püree 1 kg geschälte, abgespülte Kartoffeln in Salzwasser garen, abtropfen lassen und durch eine Kartoffelpresse drücken. 250 ml (1/4 l) Milch und 100 g Butter erhitzen. 6 frische Lorbeerblätter abspülen, trocken tupfen, ganz fein schneiden und unterrühren. Mit Salz und Muskat leicht würzen. Die Lorbeermilch unter die durchgepressten Kartoffeln rühren, abschmecken.

Mit Alkohol

Ragout vom Reh

4–6 Portionen

Zubereitungszeit: *50 Minuten*

100 g	*Zwiebeln*
800 g	*Rehfleisch (aus der Schulter)*
2 Stängel	*Rosmarin*
4 Stängel	*Thymian*
5 EL	*Olivenöl*
1 EL	*Tomatenmark*
2 EL	*Weizenmehl*
	Salz
	frisch gemahlener Pfeffer
250 ml (¼ l)	*Rotwein*
500 ml (½ l)	*Geflügelbrühe*
3	*Lorbeerblätter*
2	*Möhren*
200 g	*Staudensellerie*
4 Stängel	*glatte Petersilie*
200 g	*Champignons*
2 EL	*Butterschmalz*

Pro Portion:
E: 39 g, F: 24 g, Kh: 8 g,
kJ: 1814, kcal: 433, BE: 0,5

1. Zwiebeln abziehen und in kleine Würfel schneiden. Rehfleisch unter fließendem kalten Wasser abspülen, trocken tupfen und in etwa 2 x 2 cm große Würfel schneiden. Kräuter abspülen und trocken tupfen. Den Backofen vorheizen.

2. Olivenöl in einem Bräter erhitzen. Fleischwürfel von allen Seiten darin gut anbraten. Zwiebeln hinzufügen und mit andünsten. Tomatenmark unterrühren und kurz mit anrösten. Fleischwürfel mit Mehl bestäuben, umrühren. Mit Salz und Pfeffer würzen.

3. Wein und Brühe hinzugießen und aufkochen lassen. Lorbeerblätter, Rosmarin und Thymian hinzufügen. Den Bräter mit dem Deckel verschließen und auf dem Rost in den vorgeheizten Backofen schieben.

Ober-/Unterhitze: etwa 160 °C
Heißluft: etwa 140 °C
Backzeit: etwa 1½ Stunden.

4. Möhren schälen, abspülen, abtropfen lassen und in kleine Würfel schneiden. Sellerie putzen und die harten Außenfäden abziehen. Sellerie abspülen, abtropfen lassen und in kleine Stücke schneiden. Möhrenwürfel und Selleriestücke zu den Fleischwürfeln geben und weitere **etwa 20 Minuten bei gleicher Backofeneinstellung** garen, eventuell mit etwas Wasser auffüllen.

5. Petersilie abspülen, Blätter abzupfen, trocken tupfen. Einige Blätter zum Garnieren beiseitelegen, restliche Blätter fein schneiden. Champignons putzen, mit Küchenpapier abreiben, evtl. abspülen, abtropfen lassen und vierteln. Butterschmalz in einer Pfanne erhitzen, Champignonviertel darin gut anbraten. Mit Salz und Pfeffer würzen.

6. Champignonviertel in einen Topf geben. Die Fleischwürfel und das Gemüse mit einer Schaumkelle aus dem Bräter nehmen und zu den Champignonvierteln geben.

7. Den Bratenfond zum Kochen bringen und um ein Drittel einkochen lassen. Anschließend durch ein Sieb auf das Ragout gießen.

8. Rehragout auf vorgewärmten Tellern anrichten, mit geschnittener Petersilie bestreuen. Mit Petersilienblättern garnieren.

Beilage: Kartoffelklöße mit gebräunten Semmelbröseln und Preiselbeerkompott.

Raffiniert

Wildfrikadellen mit Gewürzbrot

4 Portionen
(4 Auflaufförmchen [Ø etwa 8 cm])

Zubereitungszeit: *70 Minuten, ohne Teiggeh- und Einweichzeit*

Für das Gewürzbrot:

220 g Weizenmehl
20 g frische Hefe
50 g Zucker
70 ml lauwarme Milch
3 Stängel Dill
2 Stängel Rosmarin
2 Schalotten
1 Knoblauchzehe
30 g Butter
1 Ei (Größe M)
1 Prise frisch geriebene Muskatnuss
1 TL gemahlene Gewürzmischung (Koriander, Fenchel, Anis, Piment, Zimt)
Salz
frisch gemahlener Pfeffer

Für die Frikadellen:

2 Brötchen (Semmeln vom Vortag)
100 ml Milch
600 g Wildfleisch (Reh, Hirsch oder Wildschwein, am besten aus der Keule)
100 g fetter Speck, in Würfel geschnitten
4 Wacholderbeeren
2 Stängel Rosmarin
2 Eier (Größe M)
2 EL Preiselbeerren
1 EL mittelscharfer Senf
2 EL Butterschmalz

Pro Portion:
E: 47 g, F: 50 g, Kh: 76 g, kJ: 3980, kcal: 951, BE: 6,0

1. Für das Gewürzbrot Mehl in eine Rührschüssel geben. In die Mitte eine Vertiefung drücken, Hefe hineinbröckeln. Zucker und etwas Milch hinzufügen, mit einer Gabel mit etwas Mehl verrühren und zugedeckt 10–15 Minuten gehen lassen.

2. Dill und Rosmarin abspülen und trocken tupfen. Blätter bzw. Nadeln von den Stängeln zupfen und hacken. Schalotten und Knoblauch abziehen und sehr fein würfeln.

3. Butter zerlassen. Schalotten- und Knoblauchwürfel darin andünsten, zusammen mit dem Ei, restlicher Milch, Dill und Rosmarin zum Vorteig geben. Mit Muskat, Gewürzmischung, Salz und Pfeffer würzen. Die Zutaten mit Handrührgerät mit Knethaken zunächst kurz auf niedrigster, dann auf höchster Stufe in etwa 5 Minuten zu einem glatten Teig verarbeiten. Den Teig zugedeckt so lange an einem warmen Ort gehen lassen, bis er sichtbar vergrößert hat (etwa 30 Minuten).

4. Für die Frikadellen Brötchen mit Milch übergießen, etwa 10 Minuten einweichen. Wildfleisch abspülen, trocken tupfen, mit Speckwürfeln und eingeweichten Brötchen durch die feine Scheibe eines Fleischwolfes drehen. Wacholderbeeren in einem Mörser fein zerstoßen. Rosmarin abspülen und trocken tupfen. Die Nadeln von den Stängeln zupfen. Nadeln klein schneiden. Den Backofen vorheizen.

5. Wildhackmasse in eine Rührschüssel geben. Eier, Preiselbeeren, Senf, Wacholderbeeren und Rosmarin hinzufügen. Die Zutaten gut vermengen. Mit Salz und Pfeffer kräftig abschmecken. Kühl stellen.

6. Förmchen einfetten und mit Mehl ausstreuen. Den Brotteig aus der Schüssel nehmen, auf einer bemehlten Arbeitsfläche nochmals kurz durchkneten, in 4 gleiche Portionen teilen und in die Förmchen füllen. Den Teig nochmals zugedeckt so lange an einem warmen Ort gehen lassen, bis er sich sichtbar vergrößert hat (etwa 20 Minuten). Teigoberfläche mit Wasser bestreichen. Die Formen auf dem Rost in den vorgeheizten Backofen schieben.

Ober-/Unterhitze: etwa 200 °C
Heißluft: etwa 180 °C
Backzeit: etwa 20 Minuten.

7. Aus der Wildhackmasse mit angefeuchteten Händen 4 gleich große Frikadellen formen. Butterschmalz in einer Pfanne erhitzen. Die Frikadellen darin von beiden Seiten bei mittlerer Hitze braten.

Beilage: Kopfsalat mit Vinaigrette und eine kalte Sauce aus Crème fraîche mit körnigem Senf, Salz und etwas Honig.

Tipp: Wenn kein Fleischwolf vorhanden ist, können Sie das Wildfleisch und den Speck auch beim Metzger durch den Fleischwolf drehen lassen. Dann die Brötchen mit einer Gabel fein zerdrücken.

Schmorsteaks vom Wildschwein

4 Portionen

Zubereitungszeit: *40 Minuten*

4	*Wildschweinsteaks aus der Keule (je etwa 180 g)*
4 EL	*Speiseöl*
	Salz
	frisch gemahlener Pfeffer
1	*Gemüsezwiebel (150 g)*
1 TL	*Tomatenmark*
200 ml	*Wildfond oder -brühe*
evtl. etwas	*Rotwein*
3	*zerstoßene Wacholderbeeren*
2 EL	*Preiselbeerkonfitüre*
150 g	*Steckrüben*
150 g	*Rosenkohl*
100 g	*Pfifferlinge*
1 EL	*Butter*
250 g	*Schlagsahne*

Pro Portion:
E: 39 g, F: 40 g, Kh: 16 g, kJ: 2464, kcal: 588, BE: 1,0

1. Wildschweinsteaks unter fließendem kalten Wasser abspülen und trocken tupfen. Speiseöl in einem Bräter erhitzen, die Steaks darin von beiden Seiten anbraten, herausnehmen. Mit Salz und Pfeffer bestreuen. Den Backofen vorheizen.

2. Gemüsezwiebel abziehen, in feine Streifen schneiden und in dem Bratfett andünsten. Tomatenmark hinzufügen und kurz anrösten.

3. Fond oder Brühe, nach Belieben Rotwein, Wacholderbeeren und Konfitüre hinzugeben. Die Steaks auf den Gemüsezwiebeln verteilen. Den Bräter auf dem Rost in den vorgeheizten Backofen schieben.

Ober-/Unterhitze: 180–200 °C
Heißluft: 160–180 °C
Garzeit: etwa 20 Minuten.

4. In der Zwischenzeit Steckrüben putzen, schälen, abspülen, abtropfen lassen und in Würfel schneiden. Rosenkohl putzen und etwas vom Strunk abschneiden. Rosenkohl abspülen und abtropfen lassen, großen Rosenkohl halbieren. Pfifferlinge putzen, mit Küchenpapier abreiben, evtl. kurz abspülen und trocken tupfen.

5. Butter in einer Pfanne zerlassen. Steckrübenwürfel und Rosenkohl darin etwa 5 Minuten andünsten. Pfifferlinge hinzugeben und kurz mitdünsten lassen.

6. Das angedünstete Gemüse nach etwa 15 Minuten Garzeit zu den Steaks in den Bräter geben und mitgaren.

7. Die Steaks herausnehmen und warm halten. Sahne in den Bräter gießen und etwas einkochen lassen. Das Gemüse mit Salz und Pfeffer abschmecken.

8. Schmorsteaks mit dem Gemüse auf einem Teller anrichten.

Beilage: Bauernbrot oder Serviettenknödel und Feldsalat.

Tipp: Dazu einen kräftigen Rotwein, z. B. aus dem Bordeaux oder von der Ahr servieren.

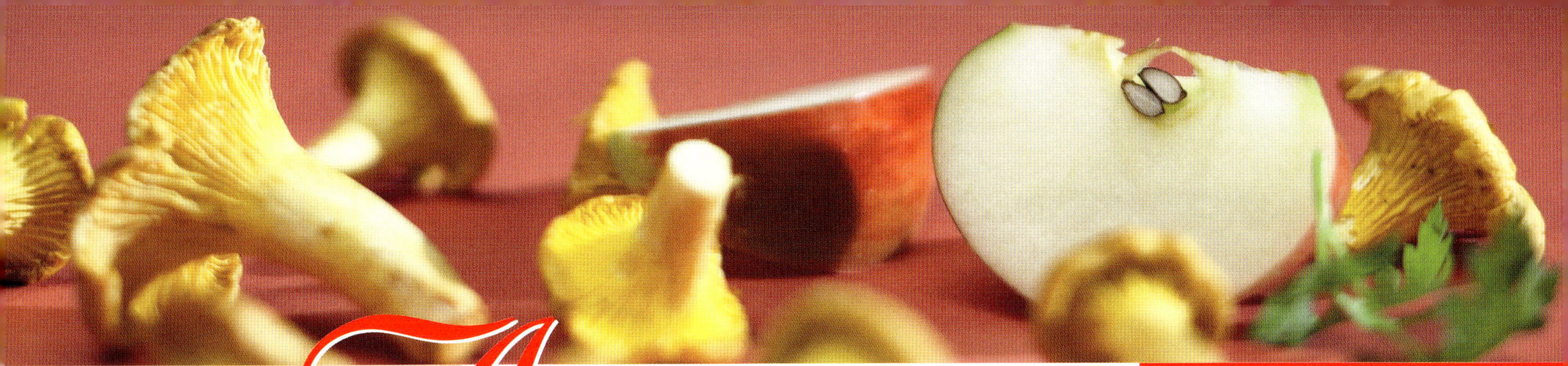

Apfel-Waldpilz-Kaiserschmarrn

2 Portionen

Zubereitungszeit: *35 Minuten*

Für den Teig:

2	*Eigelb (Größe M)*
100 ml	*Weißwein (lieblich)*
100 ml	*Milch*
120 g	*Weizenmehl*
1 Msp.	*Dr. Oetker Backin*
	Salz
	frisch geriebene Muskatnuss
	Zucker
150 g	*gemischte Pilze, z. B. Pfifferlinge, Steinpilze oder Maronen*
1	*Schalotte*
1 Stängel	*Thymian*
1	*großer Apfel*
1 TL	*Butter*
	frisch gemahlener Pfeffer
2	*Eiweiß (Größe M)*
1 EL	*Butter*
4 Stängel	*glatte Petersilie*

Pro Portion:
E: 17 g, F: 20 g, Kh: 61 g, kJ: 2228, kcal: 533, BE: 5,0

1. Für den Teig Eigelb mit Wein und Milch in einer Rührschüssel gut verrühren. Mehl und Backpulver mit einem Schneebesen verrühren und hinzugeben. Die Zutaten zu einem glatten Teig verrühren. Mit Salz, Muskat und Zucker würzen. Den Backofen vorheizen.

2. Pilze putzen, mit Küchenpapier abreiben, evtl. abspülen, trocken tupfen und in Stücke schneiden. Schalotte abziehen und in kleine Würfel schneiden. Thymian abspülen, trocken tupfen, die Blätter abstreifen. Apfel schälen, vierteln, Kerngehäuse entfernen, Viertel in kleine Würfel schneiden.

3. Butter in einer ofenfesten Pfanne zerlassen. Pilzstücke darin unter mehrmaligem Wenden andünsten. Schalottenwürfel hinzufügen und mit andünsten. Apfelwürfel zusammen mit Thymian zu der Pilzmasse geben und unterheben. Mit Salz und Pfeffer leicht würzen.

4. Eiweiß steifschlagen und unter den Teig heben. Teig auf der Pilz-Apfel-Masse verteilen. Die Pfanne auf dem Rost in den vorgeheizten Backofen schieben.

Ober-/Unterhitze: etwa 180 °C
Heißluft: etwa 160 °C
Backzeit: 5–8 Minuten.

5. In der Zwischenzeit die Petersilie abpülen, Blätter von den Stängeln zupfen und grob zerschneiden.

6. Den Kaiserschmarrn aus der Pfanne nehmen, mit 2 Pfannenwendern in kleine Stücke reißen. Butter in der Pfanne zerlassen. Die Kaiserschmarrnstücke hinzufügen und in der Butter schwenken.

7. Apfel-Waldpilz-Kaiserschmarrn mit der Petersilie bestreut servieren.

Tipp: Anstelle der Waldpilze können Sie auch Kräutersaitlinge, Shiitake-Pilze oder Champignons verwenden.

Gebackene Rote Bete mit Nuss-Schmand

4 Portionen

Zubereitungszeit: *50 Minuten, ohne Kühlzeit*

600 g Rote Bete
1 EL Kümmelsamen
3 Lorbeerblätter
Salzwasser
2 Eier (Größe M)
etwa 50 g Weizenmehl
etwa 60 g feine Semmelbrösel
4 EL Butterschmalz

Für den Nuss-Schmand:
80 g geröstete Nusskerne (z. B. Haselnuss-, Walnuss-, Erdnusskerne, Mandeln)
200 g Schmand (Sauerrahm)
5 Stängel Thymian
1 Bio-Zitrone (unbehandelt, ungewachst)
2–3 EL Schlagsahne
Salz
frisch gemahlener Pfeffer
frisch geriebene Muskatnuss

1 Mini-Roma-Salat

Pro Portion:
E: 11 g, F: 38 g, Kh: 31 g, kJ: 2144, kcal: 512, BE: 2,5

1. Von der Roten Bete Wurzeln und Blätter etwa 3 cm hoch über den Knollen abschneiden. Die Knollen mit der Bürste unter fließendem Wasser säubern, mit Kümmel und Lorbeerblättern in kochendes Salzwasser geben, zum Kochen bringen und je nach Größe in 60–90 Minuten weich kochen lassen.

2. Für den Nuss-Schmand Nusskerne fein mahlen, in eine Schüssel geben und mit dem Schmand verrühren.

3. Thymian abspülen und trocken tupfen. Von 2 Stängeln die Blättchen von den Stängeln zupfen. Blättchen klein schneiden. Die restlichen Stängel beiseitelegen. Zitrone heiß abspülen, abtrocknen und die Hälfte der Schale abreiben.

4. Thymian, Zitronenschale und etwas Sahne zum Nuss-Schmand geben und unterrühren. Mit Salz, Pfeffer und etwas Muskat abschmecken. Kalt stellen.

5. Salat putzen, in einzelne Blätter zerteilen, waschen und trocken tupfen oder -schleudern. Salatblätter kalt stellen.

6. Rote Bete aus dem Kochwasser nehmen, mit kaltem Wasser übergießen, abkühlen lassen, schälen und in Scheiben schneiden.

7. Eier in einem Teller verschlagen. Rote-Bete-Scheiben zuerst in Mehl wenden, überflüssiges Mehl abklopfen. Dann die Scheiben durch die verschlagenen Eier ziehen, am Tellerrand abstreifen und zuletzt in Semmelbröseln wenden. Panade gut andrücken.

8. Rote-Bete-Scheiben portionsweise in jeweils etwas Butterschmalz braten. Dafür etwas Butterschmalz in einer großen Pfanne erhitzen. Die Rote-Bete-Scheiben von beiden Seiten goldbraun braten und kurz auf Küchenpapier abtropfen lassen.

9. Rote-Bete-Scheiben mit den Salatblättern und restlichem Thymian auf einer Platte anrichten. Eventuell die restliche Sahne unter den Nuss-Schmand rühren. Den Nuss-Schmand mit den Rote-Bete-Scheiben servieren.

Beilage: Frischer Kopfsalat.

Tipp: Rote Bete am besten schon am Vortag kochen.

Pochierte Eier mit Frankfurter Grüner Sauce

4 Portionen

Zubereitungszeit: *40 Minuten*

Für die Grüne Sauce:

1 kleines Bund	*Kräuter für Grüne Sauce (z. B. Sauerampfer, Petersilie, Pimpernelle, Kresse, Kerbel, Dill, Schnittlauch)*
100 g	*Schmand (Sauerrahm)*
100 g	*Vollmilchjoghurt*
	Salz
	frisch gemahlener, weißer Pfeffer
etwas	*Zitronensaft*
1,5 l	*Wasser*
3–4 EL	*Obstessig*
8	*Eier (Größe M)*

Pro Portion:
E: 16 g, F: 19 g, Kh: 3 g, kJ: 1043, kcal: 249, BE: 0,5

1. Für die Sauce Kräuter abspülen und gut trocken tupfen oder trocken schleudern. Die Blätter von den Stängeln zupfen und grob hacken. Schnittlauch in Röllchen schneiden. Kräuter, Schmand und Joghurt in einen hohen Rührbecher geben und fein pürieren. Die Sauce mit Salz, Pfeffer und Zitronensaft abschmecken.

2. Wasser in einem Topf zum Kochen bringen. Essig hinzufügen. Eier einzeln in einer Kelle aufschlagen, vorsichtig in das siedende (nicht sprudelnd kochende) Wasser gleiten lassen. Eiweiß sofort mit 2 Esslöffeln an das Eigelb schieben. Die Eier bei schwacher Hitze 3–4 Minuten ohne Deckel gar ziehen lassen (maximal 4 Eier auf einmal garen).

3. Die garen Eier mit einem Schaumlöffel herausnehmen, kurz in kaltes Wasser tauchen, abtropfen lassen und die Ränder glattschneiden.

4. Die pochierten Eier auf der Grünen Sauce anrichten.

Beilage: Salzkartoffeln.

Tipp: Hierzu passt sehr gut ein junger Riesling aus dem Rheingau oder Rheinhessen.

Champignon-Porree-Torte mit Senfquark

6–8 Portionen
(1 Tarteform [Ø 26–28 cm])

Zubereitungszeit: *60 Minuten, ohne Kühlzeit*

Für den Knetteig:

150 g	*Weizenmehl*
100 g	*gemahlene Haselnusskerne*
125 g	*weiche Butter*
1	*Eigelb (Größe M)*
1 TL	*Zucker*
1 gestr. TL	*Salz*
2–3 EL	*kaltes Wasser*

Für den Belag:

200 g	*Champignons*
2	*Schalotten*
2 Stängel	*Thymian*
2 EL	*Butterschmalz*
	Salz
	frisch gemahlener Pfeffer
2 Stangen	*Porree (Lauch, 400 g)*
200 g	*Schlagsahne*
4	*Eier (Größe M)*
	frisch geriebene Muskatnuss
80 g	*frisch geriebener Bergkäse*

Für den Senfquark:

1 Bund	*Schnittlauch*
150 g	*Speisequark (40 %)*
1 EL	*scharfer Senf*
1 EL	*grober Senf*
1 EL	*Traubenkernöl*
2 Stängel	*Thymian*

Pro Portion:
E: 17 g, F: 51 g, Kh: 23 g, kJ: 2604, kcal: 622, BE: 2,0

1. Für den Teig Mehl und Nüsse in einer Rührschüssel mit einem Schneebesen verrühren. Butter, Eigelb, Zucker, Salz und Wasser hinzufügen. Die Zutaten mit Handrührgerät mit Rührbesen zunächst kurz auf niedrigster, dann auf höchster Stufe gut durcharbeiten.

2. Anschließend auf einer bemehlten Arbeitsfläche zu einem glatten Teig verkneten. Den Teig in Frischhaltefolie wickeln und etwa 1 Stunde kalt stellen.

3. Für den Belag Champignons putzen, mit Küchenpapier abreiben, evtl. abspülen, abtropfen lassen und vierteln. Schalotten abziehen und in kleine Würfel schneiden.

4. Thymian abspülen und trocken tupfen. Die Blättchen von den Stängeln zupfen. Butterschmalz in einer Pfanne erhitzen. Champignonviertel darin andünsten, Schalottenwürfel und Thymian hinzugeben und andünsten. Mit Salz und Pfeffer würzen. Den Backofen vorheizen.

5. Porree putzen, die Stangen längs halbieren, gründlich waschen, abtropfen lassen und schräg in etwa 2 cm lange Stücke schneiden. Porreestücke in kochendem Salzwasser kurz blanchieren, mit kaltem Wasser abschrecken und in einem Sieb abtropfen lassen.

6. Den Boden der Tarteform einfetten. Zwei Drittel des Teiges auf der bemehlten Arbeitsfläche zu einer runden Platte in Tarteformgröße ausrollen, in die Form legen und mit einer Gabel mehrfach einstechen. Die Form auf dem Rost in den vorgeheizten Backofen schieben.

Ober-/Unterhitze: etwa 180 °C
Heißluft: etwa 160 °C
Backzeit: etwa 10 Minuten.

7. Die Form aus dem Ofen nehmen und auf einen Kuchenrost stellen. Den Tarteboden 10 Minuten abkühlen lassen.

8. Restlichen Teig zu einer etwa 75 cm langen Rolle formen, an den Tarteformrand und den vorgebackenen Boden drücken. Die Champignonmasse und die Porreestücke in der Form verteilen.

9. Sahne mit den Eiern in einer Schüssel verquirlen, mit Salz, Pfeffer und Muskat würzen. Die Eiersahne auf der Champignon-Porree-Masse verteilen. Mit Käse bestreuen. Die Form auf dem Rost in den vorgeheizten Backofen schieben. Die Tarte **bei gleicher Backofentemperatur 20–30 Minuten** backen.

10. Für den Senfquark Schnittlauch abspülen, trocken tupfen und in Röllchen schneiden. Quark, beide Senfsorten und Schnittlauchröllchen in einer Schüssel verrühren. Mit Salz abschmecken. Traubenkernöl unterrühren, damit der Quark sämiger wird.

11. Thymian abspülen, trocken tupfen und in Zweige zupfen.

12. Die Torte aus dem Backofen nehmen, auf einem Kuchenrost etwas abkühlen lassen, mit Thymian garnieren und mit dem Senfquark servieren.

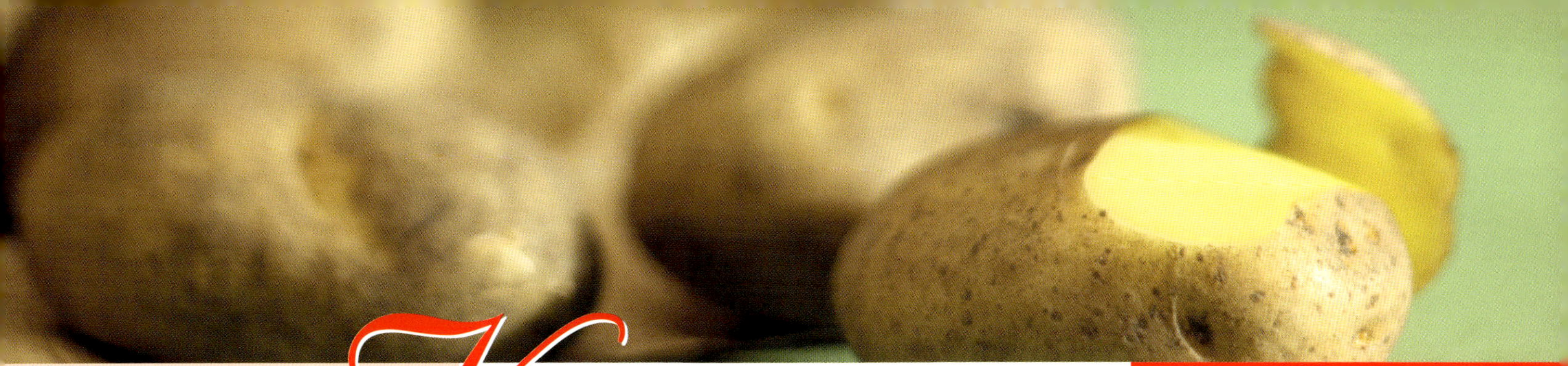

Kartoffelomelett mit Steinpilzen und karamellisierten Walnusskernen

4 Portionen

Zubereitungszeit: *50 Minuten, ohne Abkühlzeit*

200 g	*Steinpilze*
2	*Schalotten*
600 g	*Kartoffeln*
50 ml	*Traubenkernöl*
	Salz
	frisch gemahlener Pfeffer
1 EL	*Butterschmalz*
4 Stängel	*glatte Petersilie*
5	*Eier (Größe M)*

Für die karamellisierten Walnusskerne:

3 EL	*Wasser*
80 g	*Zucker*
100 g	*Walnusskerne*
100 g	*Pflanzenfett*

Pro Portion:
E: 17 g, F: 41 g, Kh: 41 g, kJ: 2512, kcal: 600, BE: 3,5

1. Steinpilze putzen, mit Küchenpapier abreiben, evtl. abspülen, trocken tupfen und in Scheiben schneiden. Schalotten abziehen, in kleine Würfel schneiden.

2. Kartoffeln waschen, schälen, abspülen und abtropfen lassen. Kartoffeln in sehr dünne Scheiben schneiden (am besten mit der Aufschnittmaschine oder einem Gemüsehobel).

3. Traubenkernöl in einer großen, ofenfesten Pfanne erhitzen. Kartoffelscheiben darin etwa 10 Minuten unter mehrmaligem Wenden anbraten. Mit Salz und Pfeffer würzen. Den Backofen vorheizen.

4. Butterschmalz in einer weiteren Pfanne erhitzen. Pilzscheiben darin andünsten, Schalottenwürfel dazugeben und mit andünsten.

5. Petersilie abspülen, trocken tupfen, einige Zweige zum Garnieren beiseitelegen. Von den übrigen Stängeln die Blätter abzupfen, hacken und unter das Pilzgemüse mischen. Gemüse aus der Pfanne nehmen und unter die gebratenen Kartoffelscheiben heben.

6. Eier verschlagen, mit Salz und Pfeffer würzen und über die Kartoffel-Pilz-Masse gießen, gut untermengen. Die Pfanne auf dem Rost in den vorgeheizten Backofen schieben.

Ober-/Unterhitze: 160–180 °C
Heißluft: 140–160 °C
Garzeit: etwa 15 Minuten.

7. In der Zwischenzeit Wasser und Zucker in einem kleinen Topf zum Kochen bringen. So lange kochen lassen, bis der Zucker zu karamellisieren beginnt. Walnusskerne hinzufügen und unter Rühren goldbraun karamellisieren lassen. Karamell auf einen Bogen Backpapier geben und erkalten lassen.

8. Omelette aus der Pfanne auf eine Platte stürzen und in Kuchenstücke schneiden. Mit beiseite gelegter Petersilie garnieren und sofort servieren. Walnusskerne evtl. hacken oder zerteilen und dazu servieren.

Tipp: Man kann das Kartoffelomelett auch sehr gut kalt mit einem Rucolasalat servieren. Wenn Sie getrocknete Steinpilze verwenden möchten, die Steinpilze am besten am Vortag in kaltem Wasser einweichen, gut ausdrücken und ebenfalls anbraten.

Rahmspinat mit gebackenem Ei

4 Portionen

Zubereitungszeit: *40 Minuten*

700 g	*Spinat (vorbereitet gewogen etwa 400 g)*
2	*Schalotten*
80 g	*Butter*
40 g	*Weizenmehl*
400 ml	*Milch*
1 EL	*geriebener Gemüsemeerrettich (aus dem Glas)*
	Salz
	frisch geriebene Muskatnuss
10	*Eier (Größe M)*
etwas	*Weizenmehl*
120 g	*Semmelbrösel*
1 EL	*frisch geriebener Parmesan-Käse*
200–400 g	*Pflanzenfett zum Frittieren (je nach Topfgröße)*
1 EL	*Crème fraîche*

Pro Portion:
E: 26 g, F: 47 g, Kh: 30 g,
kJ: 2774, kcal: 662, BE: 2,5

1. Spinat verlesen, Wurzelenden und dicke Stängel entfernen. Spinat waschen, abtropfen lassen und in etwas kochendem Salzwasser kurz blanchieren, bis er zusammengefallen ist. Spinat in eiskaltes Wasser geben, in einem Sieb abtropfen lassen und klein schneiden.

2. Schalotten abziehen und in kleine Würfel schneiden. Butter in einem Topf zerlassen, Schalottenwürfel darin andünsten. Mehl unter Rühren so lange darin erhitzen, bis es hellgelb ist. Nach und nach die Milch hinzugießen. Mit einem Schneebesen durchschlagen. Darauf achten, dass keine Klümpchen entstehen. Unter ständigem Rühren einmal aufkochen lassen. Meerrettich unterrühren. Mit Salz und Muskat kräftig abschmecken. Spinat unterrühren, warm stellen.

3. 8 Eier in kochendes Wasser legen und 3–4 Minuten kochen lassen (Eigelb sollte noch weich sein). Eier in kaltem Wasser abschrecken, abkühlen lassen und vorsichtig pellen.

4. Restliche Eier in einem Teller verschlagen. Semmelbrösel mit Parmesan-Käse mischen. Eier zuerst in Mehl wenden, dann durch die verschlagenen Eier ziehen und dann in der Semmelbrösel-Käse-Mischung wenden. Eier nochmals wie zuvor beschrieben durch die verschlagenen Eier ziehen und in der Semmelbrösel-Käse-Mischung wenden. Panade gut andrücken.

5. Pflanzenfett in einem Topf oder in einer Fritteuse auf etwa 180 °C erhitzen. Die Eier in 2 Portionen darin goldbraun ausbacken und mit einer Schaumkelle herausnehmen.

6. Crème fraîche unter den Spinat rühren. Spinat auf Tellern anrichten. Die ausgebackenen Eier daraufsetzen und sofort servieren.

Topfen-Grieß-Strudel mit Sellerie und Essig-Zwetschen

4 Portionen

Zubereitungszeit: *60 Minuten, ohne Abkühlzeit*

Für den Strudel:

250 ml (¼ l)	*Milch*
30 g	*Butter*
	Salz
	frisch geriebene Muskatnuss
100 g	*Hartweizengrieß*
200 g	*Speisequark (Magerstufe)*
2	*Eier (Größe M)*
60 g	*Semmelbrösel*
250 g	*Knollensellerie*
2 Pck.	*Strudelteigblätter (je 120 g, 4 Blätter, aus dem Kühlregal)*
2 EL	*zerlassene Butter*

Für die Essig-Zwetschen:

250 g	*Zwetschen*
90 g	*Zucker*
1	*Zimtstange*
100 ml	*Rotwein*
80 ml	*Himbeeressig*
2 EL	*Butter*
½	*Vanilleschote*
1 TL	*Speisestärke*

Pro Portion:
E: 22 g, F: 29 g, Kh: 100 g, kJ: 3285, kcal: 785, BE: 8,0

1. Für den Strudel Milch mit Butter, Salz und Muskat in einem Topf zum Kochen bringen, Topf von der Kochstelle nehmen. Grieß unter Rühren hineinstreuen, zu einem glatten Kloß rühren und noch etwa 1 Minute erhitzen. Grießmasse in eine Schüssel geben und etwas abkühlen lassen.

2. Quark in ein Geschirrtuch geben und in einem Sieb gut ausdrücken. Quark, Eier und zuletzt Semmelbrösel unter die Grießmasse rühren.

3. Sellerie putzen, schälen, abspülen, in kleine Würfel schneiden und kurz in kochendem Salzwasser blanchieren. Selleriewürfel mit kaltem Wasser abschrecken, in einem Sieb abtropfen, abkühlen lassen und unter die Grieß-Quark-Masse rühren. Den Backofen vorheizen.

4. Zwei Strudelteigblätter auf ein Geschirrtuch legen. Blätter dünn mit etwas Butter bestreichen. Ein Viertel der Grieß-Quark-Masse in die Mitte eines Strudelblattes geben und zu einem breiten Streifen verstreichen, dabei an den beiden langen Seiten einen etwa 10 cm breiten und an den kurzen Seiten einen etwa 5 cm breiten Streifen frei lassen. Die langen Seiten des Teiges zur Mitte einschlagen, so dass fast die ganze Füllung bedeckt ist, dann die kurzen Seiten auf die Füllung klappen. Den Teig mit Hilfe des Geschirrtuches von der kurzen Seite her aufrollen. Die Strudelrolle in die Mitte des zweiten Strudelblattes legen, einschlagen und aufrollen. Auf diese Weise 3 weitere Strudel zubereiten. Die Strudel auf das Backblech (mit Backpapier belegt) legen und mit der restlichen Butter bestreichen. Das Backblech in den vorgeheizten Backofen schieben.

Ober-/Unterhitze: etwa 200 °C
Heißluft: etwa 180 °C
Backzeit: etwa 15 Minuten.

5. Für die Essig-Zwetschen Zwetschen abspülen, abtropfen lassen, halbieren, entsteinen und vierteln. Zucker in einem Topf hellbraun karamellisieren. Zimtstange hinzugeben. Mit Wein und Essig ablöschen. Vanilleschote aufschneiden, das Mark herauskratzen und unter den Sud rühren. Die Zutaten zum Kochen bringen und etwas einkochen lassen. Zimtstange entfernen. Speisestärke mit 1–2 Esslöffeln Wasser anrühren, in die Flüssigkeit rühren und kurz aufkochen lassen. Zwetschenviertel hinzugeben und nochmals aufkochen lassen.

6. Die gebackenen Strudel vom Backblech nehmen, jeweils schräg in drei gleich große Stücke schneiden, auf vorgewärmten Tellern anrichten und mit den Essig-Zwetschen servieren.

Steinpilz-Kürbiskern-Kuchen und Wacholder-Zwetschen-Vinaigrette

6–8 Portionen
(1 Springform [Ø 26 cm])

Zubereitungszeit: *90 Minuten, ohne Kühlzeit*

Für den Knetteig:

100 g	*Kürbiskerne*
150 g	*Weizenmehl*
125 g	*Butter*
1	*Eigelb (Größe M)*
2–3 EL	*Wasser*
1 gestr. TL	*Salz*

Für den Belag:

500 g	*frische Steinpilze*
	Salz
	frisch gemahlener Pfeffer
30 g	*Butter*
100 g	*Kürbiskerne*
3	*Eier (Größe M)*
200 g	*Schlagsahne*
	frisch geriebene Muskatnuss

Für die Wacholder-Zwetschen-Vinaigrette:

5	*Wacholderbeeren*
2 EL	*Zucker*
4 cl	*Gin*
200 ml	*Rotwein*
100 ml	*Geflügelbrühe*
12	*Zwetschen*
3 EL	*Rotweinessig*
6 EL	*Traubenkernöl*
150 g	*Feldsalat*
1 EL	*brauner Rohrzucker*

Pro Portion:
E: 16 g, F: 53 g, Kh: 34 g, kJ: 3010, kcal: 719, BE: 3,0

1. Für den Teig Kürbiskerne in einer trockenen Pfanne ohne Fett hellbraun rösten und auf einem Teller erkalten lassen. Kürbiskerne im Zerkleinerer oder Mixer sehr fein hacken. Mehl und gemahlene Kürbiskerne in einer Rührschüssel mit einem Schneebesen verrühren. Butter, Eigelb, Wasser und Salz hinzufügen. Die Zutaten mit Handrührgerät mit Rührbesen zunächst kurz auf niedrigster, dann auf höchster Stufe gut durcharbeiten. Anschließend auf einer bemehlten Arbeitsfläche zu einem glatten Teig verkneten. Den Teig in Frischhaltefolie wickeln und etwa 1 Stunde kalt stellen.

2. Für den Belag Steinpilze putzen, mit Küchenpapier abreiben und in dickere Scheiben schneiden. Mit Salz und Pfeffer würzen. Butter in einer Pfanne zerlassen. Pilzscheiben darin anbraten. Den Backofen vorheizen.

3. Den Boden der Springform einfetten. Zwei Drittel des Teiges darauf ausrollen und mit einer Gabel mehrmals einstechen. Den Boden in den Springformrand einspannen. Die Form auf dem Rost in den vorgeheizten Backofen schieben.

Ober-/Unterhitze: etwa 180 °C
Heißluft: etwa 160 °C
Backzeit: etwa 10 Minuten.

4. Kürbiskerne für den Belag in einer Pfanne ohne Fett rösten und auf einem Teller erkalten lassen.

5. Die Form aus dem Ofen nehmen und auf einen Kuchenrost stellen. Den vorgebackenen Boden 10 Minuten abkühlen lassen. Restlichen Teig auf der bemehlten Arbeitsfläche zu einer etwa 75 cm langen Rolle formen. In die Form legen und 2–3 cm hoch an den Rand drücken. Die Pilzscheiben mit den Kürbiskernen mischen und auf dem Teig verteilen. Eier und Sahne in einer Schüssel gut verrühren. Mit Salz, Pfeffer und Muskat würzen. Die Eiersahne über die Pilz-Kürbis-Masse gießen. Die Masse muss mit der Eiersahne bedeckt sein. Die Form auf dem Rost in den vorgeheizten Backofen schieben. Den Kuchen **bei gleicher Backofentemperatur 40–50 Minuten** backen.

6. In der Zwischenzeit für die Vinaigrette Wacholderbeeren in einem Mörser zerstoßen. Zucker in einer Pfanne hellbraun karamellisieren. Wacholderbeeren dazugeben und kurz anrösten. Mit Gin ablöschen. Rotwein und Brühe hinzugießen, zum Kochen bringen und um die Hälfte einkochen lassen.

7. Zwetschen abspülen, abtropfen lassen, trocken tupfen und entsteinen. Zwetschen in kleine Würfel schneiden, in den Wacholdersud geben, wieder zum Kochen bringen und etwas einkochen lassen. Sud in eine kalte Schüssel geben. Essig hinzufügen und unterrühren. Traubenkernöl nach und nach langsam unterrühren. Mit Salz und Pfeffer abschmecken.

8. Feldsalat putzen, waschen, abtropfen lassen und trocken schleudern oder trocken tupfen. Den Kuchen aus dem Ofen nehmen, auf einen Kuchenrost stellen, mit Zucker bestreuen und 10 Minuten ruhen lassen. Kuchen aus der Form lösen, in Stücke schneiden und auf Tellern anrichten. Jeweils etwas Vinaigrette und Feldsalat dazugeben.

Einfach

Brombeerpfannkuchen mit weißer Schokoladensauce

4–6 Portionen

Zubereitungszeit: *25 Minuten*

Für die Schokoladensauce:

100 g	*weiße Kuvertüre*
200 g	*Schlagsahne*

Für den Pfannkuchen:

250 g	*Brombeeren*
250 ml (¼ l)	*Milch*
4	*Eigelb (Größe M)*
60 g	*zerlassene, abgekühlte Butter*
160 g	*Weizenmehl*
1	*Vanilleschote*
4	*Eiweiß (Größe M)*
1 Prise	*Salz*
2 EL	*Zucker*
25 g	*Butter*

Zum Bestäuben:

Puderzucker

Zum Garnieren:

etwas *Zitronenverbene oder Minze*

Pro Portion:

E: 13 g, F: 41 g, Kh: 48 g, kJ: 2641, kcal: 631, BE: 4,0

1. Für die Sauce Kuvertüre in grobe Stücke schneiden. Sahne in einem kleinen Topf bei mittlerer Hitze erwärmen (nicht kochen). Kuvertürestücke darin unter Rühren schmelzen. Die Sauce warm oder kalt zu dem Pfannkuchen servieren. Den Backofen vorheizen.

2. Für den Pfannkuchen Brombeeren putzen, abspülen und trocken tupfen. Milch, Eigelb und Butter verrühren. Mehl sieben, nach und nach mit einem Schneebesen unter die Eigelbmilch rühren. Vanilleschote aufschneiden, das Mark herauskratzen und unter den Teig rühren.

3. Eiweiß mit Salz steifschlagen. Zucker nach und nach unter den Eischnee schlagen. Eischnee vorsichtig unter den Teig heben.

4. Butter in einer ofenfesten Pfanne (Ø etwa 28 cm) zerlassen. Den Teig hineingeben und die Brombeeren (einige Brombeeren zum Garnieren beiseitelegen) darauf verteilen. Die Pfanne auf dem Rost in den vorgeheizten Backofen schieben.

Ober-/Unterhitze: etwa 180 °C
Heißluft: etwa 160 °C
Backzeit: etwa 15 Minuten.

5. Die Pfanne aus dem Backofen nehmen. Den Pfannkuchen auf einen großen Teller stürzen, sofort in gleich große Tortenstücke schneiden und auf Desserttellern anrichten. Mit Puderzucker bestäuben.

6. Die warme oder kalte Schokoladensauce angießen. Den Pfannkuchen mit den beiseite gelegten Brombeeren und Zitronenverbene oder Minze garnieren.

Tipp: Der Pfannkuchen lässt sich sehr gut variieren, z. B. mit Zwetschen, Aprikosen oder Heidelbeeren. Dazu passt auch sehr gut Vanille- oder Joghurteis.

Schwarzwälder Kirschcreme

8–10 Portionen

Zubereitungszeit: *40 Minuten, ohne Kühlzeit*

6 Blatt	*weiße Gelatine*
2 Pck.	*Dr. Oetker Pudding-Pulver Vanille-Geschmack*
150 g	*Zucker*
Mark von 1	*Vanilleschote*
1,1 l	*Milch*
3 EL	*Kirschwasser*
250 g	*Schlagsahne*
1 Glas	*Sauerkirschen (Abtropfgewicht 350 g)*
1 Glas	*Sauerkirschen (Abtropfgewicht 175 g)*
70 g	*Raspelschokolade*
einige	*Süßkirschen zum Garnieren*

Pro Portion:
E: 6 g, F: 14 g, Kh: 45 g, kJ: 1520, kcal: 363, BE: 4,0

1. Gelatine in kaltem Wasser nach Packungsanleitung einweichen. Pudding-Pulver mit Zucker und Vanillemark mischen, mit 100 ml Milch anrühren.

2. Restliche Milch (1 Liter) in einem Topf zum Kochen bringen, Topf von der Kochstelle nehmen. Angerührtes Pudding-Pulver unter Rühren in die Milch gießen und unter Rühren aufkochen lassen. Den Topf wieder von der Kochstelle nehmen. Die eingeweichte Gelatine ausdrücken und unter den Pudding rühren, bis sie völlig aufgelöst ist. Den Pudding kalt stellen, dabei ab und zu umrühren.

3. Kirschwasser unter den abgekühlten, aber noch nicht fest gewordenen Pudding rühren. Sahne steifschlagen und unter die Puddingmasse heben.

4. Sauerkirschen in einem Sieb gut abtropfen lassen. Sauerkirschen im Wechsel mit der Pudding-Sahne-Creme in Dessertschalen schichten. Die oberste Schicht sollte aus Pudding-Sahne-Creme bestehen.

5. Die Süßkirschen zum Garnieren abspülen und trocken tupfen. Die Schwarzwälder Kirschcreme mit Raspelschokolade und Kirschen garnieren.

Abwandlung: Die Creme lässt sich auch sehr gut zu **„Schwarzwälder-Kirsch-Tiramisu“** abwandeln. Dafür die Sahne durch Mascarpone ersetzen. Die Creme mit den Sauerkirschen und einer mit Kaffee getränkten Schokoladenbiskuitplatte in eine Auflaufform einschichten. Für den Schokoladenbiskuit 2 Eier (Größe M) mit Handrührgerät mit Rührbesen in etwa 1 Minute schaumig schlagen. 60 g Zucker in 1 Minute unter Rühren einstreuen und weitere etwa 2 Minuten schlagen. 40 g Weizenmehl mit 10 g Kakaopulver und 1 Teelöffel Speisestärke mischen, sieben und kurz auf niedrigster Stufe unterrühren. 30 g zerlassene, abgekühlte Butter kurz unterrühren. Den Teig auf eine Hälfte eines Backbleches, mit einem Backrahmen abgeteilt, (30 x 40 cm, mit Backpapier belegt) geben, glattstreichen und im vorgeheizten Backofen bei Ober-/Unterhitze: etwa 180 °C, Heißluft: etwa 160 °C etwa 10 Minuten backen.

Gestürzte Rieslingcreme mit süßem Kürbis

4–6 Portionen
(4–6 Förmchen [je etwa 150 ml Inhalt])

Zubereitungszeit: *40 Minuten, ohne Kühlzeit*

Für die Rieslingcreme:

4 Blatt	weiße Gelatine
1	Bio-Zitrone (unbehandelt, ungewachst)
1	Vanilleschote
200 g	Schlagsahne
50 g	Zucker
300 ml	Riesling
150 g	weiße Kuvertüre

Für das Kürbiskompott:

300 g	Kürbisfleisch vom Muskatkürbis (ohne Schale, Kerne und grobe Fasern)
4	Passionsfrüchte
150 g	Zucker
Mark von 1	Vanilleschote
100 ml	Weißwein
100 ml	Orangensaft

Zum Garnieren:

1	Bio-Zitrone (unbehandelt, ungewachst)
	evtl. Weinblätter

Pro Portion:
E: 6 g, F: 24 g, Kh: 69 g, kJ: 2456, kcal: 587, BE: 5,5

1. Für die Creme Gelatine in kaltem Wasser nach Packungsanleitung einweichen. Zitrone heiß abwaschen, abtrocknen und die Schale abreiben. Vanilleschote aufschneiden, das Mark herauskratzen.

2. Sahne mit Zucker, Vanillemark und -schote und Zitronenschale in einem Topf aufkochen. Riesling hinzugießen und nochmals kurz aufkochen lassen. Den Topf von der Kochstelle nehmen. Gelatine leicht ausdrücken, in die Riesling-Sahne geben und unter Rühren darin auflösen. Vanilleschote entfernen.

3. Kuvertüre grob hacken, zu der Riesling-Sahne geben und unter Rühren schmelzen. Die Creme kaltschlagen (am besten in einer Schüssel im Eiswasserbad), bis sie abgekühlt und leicht gebunden ist.

4. Die Förmchen mit kaltem Wasser ausspülen, die Creme einfüllen und mindestens 3 Stunden kalt stellen.

5. Für das Kompott Kürbisfleisch in kleine Würfel schneiden. Passionsfrüchte halbieren, das Fruchtfleisch mit einem Löffel herauslösen.

6. Zucker in einem Topf goldbraun karamellisieren. Mit Wein und Orangensaft ablöschen. Den Sud aufkochen. Kürbiswürfel, Fruchtfleisch der Passionsfrüchte und Vanillemark hinzugeben. Die Zutaten zum Kochen bringen und 5–10 Minuten bei mittlerer Hitze kochen lassen.

7. Die Kürbismasse in eine Schüssel füllen, abkühlen lassen und kalt stellen.

8. Die Förmchen mit der Creme kurz in heißes Wasser tauchen. Die Rieslingcreme aus den Förmchen auf Teller stürzen. Das Kürbiskompott jeweils um die Creme herum verteilen.

9. Zum Garnieren die Zitrone heiß abspülen und trocken tupfen. Zitronenschale mit einem Zestenreißer in Streifen abziehen. Die Creme und das Kompott damit garnieren. Nach Belieben zusätzlich Weinblätter auf den Teller legen.

Tipp: Die Creme lässt sich auch sehr gut in Weißweingläsern anrichten. Dazu passt sehr gut eine Sauce aus gefrorenen Himbeeren, mit Puderzucker und etwas Orangensaft püriert.

Erdbeer-Sahne-Creme

4 Portionen

Zubereitungszeit: *35 Minuten, ohne Kühlzeit*

4 Blatt	*weiße Gelatine*
75 ml	*Orangensaft*
500 g	*Erdbeeren*
1 EL	*Zitronensaft*
4 cl	*Erdbeerlikör*
50 g	*Zucker*
200 g	*Schlagsahne*

Zum Garnieren:

einige	*Erdbeeren mit Grün*
etwas	*Hagelzucker*

Pro Portion:
E: 3 g, F: 16 g, Kh: 31 g, kJ: 1297, kcal: 310, BE: 2,5

1. Gelatine in kaltem Wasser nach Packungsanleitung einweichen. Orangensaft in einem kleinen Topf erhitzen (nicht kochen). Gelatine leicht ausdrücken und in dem heißen Orangensaft unter Rühren auflösen.

2. Erdbeeren putzen, waschen, gut abtropfen lassen, entstielen und in Stücke schneiden. Erdbeerstücke mit Zitronensaft, Likör und Zucker pürieren.

3. 3 Esslöffel des Erdbeerpürees unter die lauwarme, aufgelöste Gelatine rühren, die Gelatinemasse unter das restliche Erdbeerpüree rühren.

4. Sahne steifschlagen und unterheben. Die Erdbeer-Sahne-Creme in Gläser, Portionsförmchen oder in eine größere Glasschale füllen und etwa 3 Stunden kalt stellen.

5. Zum Garnieren Erdbeeren abspülen und trocken tupfen. Die Creme mit Erdbeeren und Hagelzucker garnieren.

Beilage: **Vanilleeis mit einer Holunderblütensauce**.
Für die Sauce 4–5 Holunderblütendolden vorsichtig abspülen und trocken tupfen. Die Blüten abzupfen und in einen hohen Rührbecher geben. 50 g Läuterzucker (50 g Zucker und 50 ml Wasser aufkochen, bis der Zucker gelöst ist), 50 ml Olivenöl und 50 g abgezogene, geröstete Mandeln hinzugeben und fein pürieren.

Tipp: Die Erdbeeren zum Garnieren zuerst in verschlagenem Eiweiß, dann in Zucker oder Hagelzucker wälzen.

Lebkuchenmousse mit Glühweinbirnen

4 Portionen

Zubereitungszeit: *35 Minuten, ohne Kühlzeit*

Für die Lebkuchenmousse:

3 Blatt	weiße Gelatine
3	Eigelb (Größe M)
1	Ei (Größe M)
100 ml	Milch
50 g	Zucker
100 g	Lebkuchen
100 g	Zartbitter-Kuvertüre
1 TL	Lebkuchengewürz
4 cl	brauner Rum
250 g	Schlagsahne

Für die Glühweinbirnen:

1	Bio-Zitrone (unbehandelt, ungewachst)
1	Bio-Orange (unbehandelt, ungewachst)
500 ml (½ l)	Rotwein
200 ml	Portwein
200 ml	Orangensaft
200 g	Zucker
4	Gewürznelken
2	Zimtstangen
4	mittelgroße Birnen
2 gestr. TL	Speisestärke

Zum Garnieren:

1	Lebkuchen
1 Stück	Zartbitter-Kuvertüre zum Hobeln

Pro Portion:
E: 13 g, F: 43 g, Kh: 84 g, kJ: 3547, kcal: 847, BE: 7,0

1. Für die Mousse Gelatine in kaltem Wasser nach Packungsanleitung einweichen.

2. Eigelb, Ei, Milch und Zucker mit einem Schneebesen verrühren und in einer Schüssel im heißen Wasserbad schaumig schlagen. Die Creme aus dem Wasserbad nehmen. Die Gelatine leicht ausdrücken, in die Creme geben und unter Rühren darin auflösen.

3. Lebkuchen in sehr kleine Würfel schneiden oder im Zerkleinerer zerkrümeln. Kuvertüre in kleine Stücke schneiden. Lebkuchengewürz mit Rum verrühren, mit den Kuvertürestückchen und den Lebkuchenwürfeln oder -krümeln unter die noch warme Eiercreme rühren. Die Creme abkühlen lassen.

4. Sahne steifschlagen, vorsichtig unter die Creme heben. Mousse in eine Schale füllen und etwa 3 Stunden kalt stellen.

5. Für die Glühweinbirnen Zitrone und Orange heiß abspülen, abtrocknen und die Schale abreiben. Rotwein, Portwein, Orangensaft, Zucker, Nelken und Zimtstangen in einen Topf geben, aufkochen lassen.

6. Birnen abspülen, der Länge nach halbieren und die Kerngehäuse mit einem Kugelausstecher entfernen. Birnen in den Glühweinsud legen und bei mittlerer Hitze etwa 5 Minuten köcheln lassen. Den Topf von der Kochstelle nehmen. Die Birnenhälften in dem Glühweinsud erkalten lassen. Nelken und Zimtstangen entfernen.

7. Birnenhälften aus dem Glühweinsud nehmen und trocken tupfen. Von dem Glühweinsud 250 ml (¼ l) abmessen und in einem kleinen Topf zum Kochen bringen. Speisestärke mit Wasser anrühren, unter den Glühweinsud rühren und unter Rühren aufkochen. Glühweinsauce abkühlen lassen. Birnenhälften fächerartig aufschneiden.

8. Zum Garnieren Lebkuchen in sehr feine Würfel schneiden. Von der Mousse mit Hilfe eines Löffels (Löffel jeweils vor dem Abstechen der Nocken in heißes Wasser tauchen) Nocken abstechen und dekorativ mit Birnenfächern, Glühweinsauce und Lebkuchenwürfeln auf Tellern anrichten.

9. Von der Kuvertüre mit einem Messer dünne Hobel abziehen und auf die Teller streuen.

Beilage: Vanille- oder Schokoladadeneis.

Tipp: Die Birnenhälften in dem Glühweinsud am besten über Nacht durchziehen lassen, dadurch wird der Geschmack noch intensiver und die Birnenhälften erhalten eine schöne rote Farbe.

Mit Alkohol

Quarkknödel mit Zwetschenkompott

4 Portionen

Zubereitungszeit: *70 Minuten, ohne Kühlzeit*

Für die Knödel:

1	*Bio-Orange (unbehandelt, ungewachst)*
400 g	*Speisequark (Magerstufe)*
60 g	*weiche Butter*
60 g	*Zucker*
1	*Vanilleschote*
2	*Eier (Größe M)*
2	*Eigelb (Größe M)*
180 g	*Weißbrotwürfel (ohne Rinde)*

Für das Zwetschenkompott:

400 g	*Zwetschen*
100 g	*Zucker*
100 ml	*Orangensaft*
100 ml	*Rotwein*
2	*Zimtstangen*
1 Msp.	*gemahlene Nelken*
10 g	*Speisestärke*
etwas	*Wasser*
4 cl	*Zwetschenwasser*
	Salzwasser
100 g	*Butter*
50 g	*Semmelbrösel*
1 EL	*Zucker*

Pro Portion:
E: 24 g, F: 41 g, Kh: 95 g, kJ: 3764, kcal: 899, BE: 8,0

1. Für die Knödel Orange heiß abwaschen, abtrocknen und die Schale abreiben. Orange auspressen. Vanilleschote aufschneiden, das Mark herauskratzen (die ausgekratzte Schote für das Kompott beiseitelegen).

2. Butter, Zucker und Vanillemark in einer Rührschüssel mit Handrührgerät mit Rührbesen schaumig schlagen. Eier und Eigelb nach und nach unterrühren. Orangenschale und 3–4 Esslöffel Orangensaft hinzugeben. Quark und Weißbrotwürfel unterrühren. Quarkmasse zugedeckt etwa 2 Stunden in den Kühlschrank stellen.

3. In der Zwischenzeit die Zwetschen für das Kompott abspülen, abtrocknen, halbieren, entsteinen und in Spalten schneiden. Zucker in einem Topf karamellisieren lassen. Mit Orangensaft und Rotwein ablöschen. Zimtstangen, aufgeschnittene Vanilleschote (von der Knödelmasse) und Nelken hinzugeben. Das Wein-Saft-Gemisch zum Kochen bringen und etwa 30 Minuten köcheln lassen.

4. Speisestärke mit 2–3 Esslöffeln Wasser anrühren, in den Sud geben und kurz aufkochen. Zwetschen und Zwetschenwasser hinzufügen, zum Kochen bringen. Den Topf von der Kochstelle nehmen. Die Zwetschenspalten in dem Sud erkalten lassen. Zimtstange und Vanilleschote entfernen.

5. In einem großen Topf soviel Salzwasser zum Kochen bringen, dass die Knödel in dem Wasser „schwimmen" können.

6. Aus der Quarkmasse mit angefeuchteten Händen gleich große Knödel (Ø etwa 5 cm) formen. Die Knödel in das kochende Salzwasser geben, wieder zum Kochen bringen und in etwa 10 Minuten ohne Deckel gar ziehen lassen (das Wasser muss sich leicht bewegen). Die Knödel mit einer Schaumkelle aus dem Wasser nehmen und gut abtropfen lassen.

7. Butter in einer Pfanne zerlassen. Semmelbrösel und Zucker hinzugeben, unter Rühren anrösten. Knödel darin wälzen, herausnehmen.

8. Für jede Portion etwas Zwetschenkompott auf einen Teller geben, heiße Knödel darauflegen und sofort servieren.

Tipp: Die Quarkknödel kann man auch in einer Mischung aus Kokosraspeln und gerösteten, gemahlenen Koriandersamen wälzen.
Dazu passt sehr gut ein **Orangen-Sabayon** aus:
2 Eigelb (Größe M), 80 g Zucker, 150 ml frisch gepresstem Orangensaft und 1 Teelöffel Grand Manier. Die Zutaten verrühren und in einer Schüssel im heißen Wasserbad cremig aufschlagen, heiß servieren.

Mohnsoufflé mit Aprikosenkompott

8 Portionen
(8 Souffléförmchen [Ø etwa 8 cm])

Zubereitungszeit: *35 Minuten, ohne Kühlzeit*

Für das Aprikosenkompott:

16	*reife Aprikosen*
50 g	*Zucker*
300 ml	*Orangensaft*
2 cl	*Aprikosenschnaps oder -likör*
1	*Vanilleschote*
1 TL	*Speisestärke*

Für die Förmchen:
weiche Butter
Zucker

Für das Soufflé:

50 g	*Weizenmehl*
50 g	*weiche Butter*
250 ml (¼ l)	*Milch*
50 g	*gemahlener Mohn*
1 Prise	*Salz*
5	*Eier (Größe M)*
75 g	*Zucker*
1	*Bio-Orange (unbehandelt, ungewachst)*

Pro Portion:
E: 8 g, F: 13 g, Kh: 39 g, kJ: 1355, kcal: 324, BE: 3,0

1. Für das Kompott die Aprikosen an der Unterseite einritzen, kurz in kochendes Wasser legen, in kaltem Wasser abschrecken. Die Aprikosenhaut abziehen. Die Aprikosen vierteln, Steine entfernen. Aprikosen zudecken und kalt stellen.

2. Für das Soufflé die Förmchen gut mit Butter einfetten und mit Zucker ausstreuen.

3. Mehl in eine Schüssel geben und mit einer Gabel mit der Butter verkneten. Milch mit Mohn und Salz in einem Topf erhitzen. Die Mehlbutter nach und nach mit einem Schneebesen unterrühren. Den Topf von der Kochstelle nehmen. Den Backofen vorheizen.

4. Eier trennen. Eigelb mit einem Drittel des Zuckers verrühren und unter die heiße Mohnmilch rühren, etwas abkühlen lassen.

5. Eiweiß steifschlagen, restlichen Zucker kurz unter den Eischnee schlagen. Ein Viertel des Eischnees unter die Milch-Mohn-Masse rühren. Restlichen Eischnee vorsichtig unterheben. Die Soufflémasse bis kurz unter den Rand in die vorbereiteten Förmchen füllen.

6. Die Förmchen in eine Fettfangschale stellen. Soviel Wasser hinzugießen, dass die Förmchen bis zu einem Drittel im Wasser stehen. Die Fettfangschale in den vorgeheizten Backofen schieben.

Ober-/Unterhitze: etwa 200 °C
Heißluft: etwa 180 °C
Backzeit: etwa 20 Minuten.

7. Die Backofentür während des Backens nicht öffnen, da die Soufflés sonst zusammenfallen und nicht mehr aufgehen.

8. In der Zwischenzeit für das Kompott die Aprikosen in breite Spalten schneiden.

9. Zucker in einem Topf karamellisieren, Orangensaft und Schnaps oder Likör hinzugießen. Vanilleschote längs aufschneiden und das Mark herauskratzen. Vanilleschote und -mark zum Saft geben. Orangensaft zum Kochen bringen und um ein Drittel einkochen lassen.

10. Speisestärke mit 1 Esslöffel Wasser anrühren. Orangensud von der Kochstelle nehmen, die Vanilleschote entfernen. Angerührte Stärke in den Sud rühren und unter Rühren gut aufkochen lassen.

11. Aprikosenspalten hinzugeben, nochmals kurz aufkochen, etwas durchziehen lassen und abkühlen lassen.

12. Die Orange heiß abspülen, abtrocknen und die Schale mit einem Zestenreißer in dünnen Streifen abziehen. Das Kompott auf Teller verteilen und mit Orangenschale bestreuen. Die Soufflés aus den Förmchen auf die Teller geben, mit Puderzucker bestäuben und sofort servieren.

Gebackene Holunderblüten

4 Portionen

Zubereitungszeit: *40 Minuten, ohne Ziehzeit*

Für den Salat:

4 Stangen	*Rhabarber*
100 g	*Zucker*
250 g	*Erdbeeren*
6 Blättchen	*Minze*
2 cl	*Grand Marnier*
etwa 8	*Holunderblüten*
etwas	*Puderzucker*

Für den Ausbackteig:

200 g	*Weizenmehl*
250 ml (¼ l)	*Weißwein*
2 EL	*Speiseöl*
10 g	*Zucker*
2	*Eigelb (Größe M)*
1 Prise	*Salz*
2	*Eiweiß (Größe M)*
etwa 700 g	*Pflanzenfett oder Butterschmalz zum Frittieren*
2 EL	*Zucker*
1 TL	*gemahlener Zimt*

Pro Portion:
E: 7 g, F: 14 g, Kh: 68 g,
kJ: 1990, kcal: 475, BE: 5,5

1. Für den Salat Rhabarber putzen, abziehen, abspülen, abtropfen lassen. Rhababer zuerst in Stücke, dann in feine Streifen schneiden und in eine Schüssel geben. Zucker hinzufügen, untermischen und etwa 30 Minuten ziehen lassen.

2. Erdbeeren abspülen, abtropfen lassen, entstielen und vierteln. Minzeblättchen abspülen und trocken tupfen. Erdbeerviertel und Minzeblättchen mit den Rhabarberstreifen vermengen. Den Salat mit Grand Marnier abschmecken.

3. Die Holunderblüten vorsichtig abspülen, trocken tupfen und mit Puderzucker bestäuben. Durch den Puderzucker bleibt der Teig besser haften.

4. Für den Teig Mehl in eine Rührschüssel sieben. Wein, Speiseöl, Zucker, Eigelb und Salz hinzufügen. Die Zutaten mit einem Schneebesen nur kurz verrühren, damit der Teig nicht zäh wird. Eiweiß steifschlagen und unterheben.

5. Ausbackfett in einem Topf oder in einer Fritteuse auf etwa 180 °C erhitzen.

6. Die Holunderblüten jeweils an den Stielansätzen anfassen, durch den Ausbackteig ziehen und in dem Ausbackfett knusprig backen. Holunderblüten mit einer Schaumkelle herausnehmen, kurz auf Küchenpapier legen und abtropfen lassen.

7. Zucker mit Zimt mischen. Die Holunderblüten sofort in Zimtzucker wenden.

Tipp: Ausbacken lässt sich fast alles, was der Obstkorb hergibt, z. B. Äpfel, Bananen oder auch Datteln.
Den Teig kurz vor dem Ausbacken zubereiten. Wichtig ist, dass der Eischnee erst unmittelbar vor dem Ausbacken untergehoben wird.

Mit Alkohol

Haselnuss-Soufflé mit Altbier-Sabayon

4 Portionen
(4 Souffléförmchen [Ø etwa 8 cm])

Zubereitungszeit: *30 Minuten*

Für die Förmchen:
weiche Butter
Zucker

Für das Haselnuss-Soufflé:

1	Bio-Orange (unbehandelt, ungewachst)
80 g	Butter
80 g	Zucker
3	Eigelb (Größe M)
20 g	Speisestärke
100 g	gemahlene, geröstete Haselnusskerne
3	Eiweiß (Größe M)
1 Prise	Salz

Für das Altbier-Sabayon:

1	Bio-Orange (unbehandelt, ungewachst)
3	Eigelb (Größe M)
60 g	Zucker
125 ml (⅛ l)	Altbier
1 TL	gemahlener Zimt
1 Prise	Nelkenpfeffer (gemahlener Piment)

Zum Garnieren:

einige	Haselnusskerne
4 TL	gemahlene Haselnusskerne
etwas	Minze

Pro Portion:
E: 13 g, F: 50 g, Kh: 55 g, kJ: 3057, kcal: 730, BE: 4,5

1. Die Förmchen mit Butter ausstreichen und mit Zucker ausstreuen.

2. Für das Soufflé Orange heiß abspülen, abtrocknen und die Schale abreiben. Butter und die Hälfte des Zuckers (40 g) in einer Rührschüssel mit Handrührgerät mit Rührbesen schaumig schlagen. Eigelb nach und nach unterrühren, so dass eine gebundene Masse entsteht. Orangenschale unterrühren. Speisestärke mit der Hälfte der Haselnusskerne verrühren, zur Butter-Eigelb-Creme geben und unterrühren. Den Backofen vorheizen.

3. Eiweiß mit Salz steifschlagen. Restlichen Zucker kurz unterrühren. Die Hälfte des Eischnees unter die Butter-Eigelb-Creme rühren. Restliche Haselnusskerne und restlichen Eischnee vorsichtig unterheben.

4. Die Soufflémasse in die vorbereiteten Förmchen füllen. Die Förmchen in eine Fettpfanne stellen. So viel Wasser hinzugießen, dass die Förmchen bis zu einem Drittel im Wasser stehen. Die Fettpfanne in den vorgeheizten Backofen schieben.

Ober-/Unterhitze: etwa 180 °C
Heißluft: etwa 160 °C
Backzeit: etwa 20 Minuten.

5. In der Zwischenzeit für das Altbier-Sabayon die Orange heiß abspülen, abtrocknen und die Schale abreiben. Die Orange zum Garnieren beiseitelegen.

6. Eigelb, Zucker, Orangenschale, Altbier, Zimt und Nelkenpfeffer in einer Schüssel im heißen Wasserbad schaumig schlagen.

7. Die abgeriebene Orange so dick schälen, dass auch die weiße Haut entfernt wird. Die Fruchtfilets herausschneiden.

8. Die gebackenen Soufflés aus den Förmchen auf Teller stürzen, Altbier-Sabayon dazugeben. Die Teller mit Orangenspalten, ganzen und gemahlenen Nusskernen und Minze garnieren.

Tipp: Wer kein Altbier mag, kann Altbier auch durch Weißwein ersetzen. Statt Zimt und Nelkenpfeffer 1 Esslöffel Mohnback verwenden. Dann zuerst die Sabayon aufschlagen und zuletzt Mohnback unterrühren.
Soufflés lassen sich auch sehr gut vorbereiten und einfrieren. Soufflé in gefriergeeignete Förmchen füllen und einfrieren. Die Förmchen mit dem gefrorenen Soufflé wie beschrieben in den Backofen stellen und bei gleicher Backofentemperatur etwa 25 Minuten backen.

Einfach – klassisch

Karthäuser Klöße mit Vanillesauce

4 Portionen

Zubereitungszeit: *40 Minuten, ohne Kühlzeit*

Für die Vanillesauce:

125 ml (⅛ l)	*Milch*
125 g	*Schlagsahne*
50 g	*Zucker*
1	*Vanilleschote*
2	*Eigelb (Größe M)*

Für die Klöße:

2	*Eier (Größe M)*
250 ml (¼ l)	*Milch*
100 g	*Zucker*
1 Pck.	*Dr. Oetker Bourbon-Vanille-Zucker*
1 Msp.	*gemahlener Zimt*
4	*Brötchen (vom Vortag)*
40 g	*Butterschmalz*

Zum Wälzen:

4 EL	*Zucker*
2 TL	*gemahlener Zimt*

Pro Portion:
E: 12 g, F: 29 g, Kh: 83 g, kJ: 2750, kcal: 657, BE: 7,0

1. Für die Sauce Milch und Sahne erhitzen. Die Vanilleschote aufschneiden, das Mark herauskratzen. Zucker und Vanillemark mischen, mit Eigelb in einer Schüssel im heißen Wasserbad schaumig schlagen. Sahnemilch nach und nach unterrühren, bis die Sauce gebunden ist. Die Vanillesauce bis zum Verzehr kalt stellen.

2. Für die Klöße Eier, Milch, Zucker, Vanille-Zucker und Zimt in eine Schüssel geben und verrühren.

3. Die Brötchen halbieren und in der Eiermilch einweichen lassen, bis die Eiermilch aufgesogen ist.

4. Butterschmalz in einer großen Pfanne erhitzen. Die Brötchenhälften darin von beiden Seiten goldgelb backen. Zucker und Zimt mischen.

5. Die Brötchenhälften aus der Pfanne nehmen und noch heiß in der Zimt-Zucker-Mischung wälzen.

6. Die Karthäuser Klöße mit der Vanillesauce in tiefen Tellern anrichten.

Tipp: Karthäuser Klöße mit frischen Beeren und Minzeblättchen garnieren. Sehr gut schmecken auch eingelegte Kirschen dazu.

Holunderbeercreme mit geeister Birnensauce

4 Portionen

Zubereitungszeit: *50 Minuten, ohne Kühl- und Gefrierzeit*

Für die Holunderbeercreme:

6 Blatt	*weiße Gelatine*
6	*Eigelb (Größe M)*
60 g	*Zucker*
250 ml (¼ l)	*Holunderbeersaft*
125 ml (⅛ l)	*Weißwein*
2 EL	*Cassis-Likör*
250 g	*Schlagsahne (35 % Fett)*

Für die Birnensauce:

4	*reife Williams-Christ-Birnen*
1 EL	*Zitronensaft*
1	*Vanilleschote*
150 ml	*Weißwein*
150 ml	*Apfelsaft*
75 g	*Zucker*
2 EL	*Birnenbrand*

Zum Garnieren:

einige	*Holunderbeeren*
	Minze

Pro Portion:
E: 10 g, F: 32 g, Kh: 65 g, kJ: 2780, kcal: 664, BE: 5,5

1. Für die Creme Gelatine in kaltem Wasser nach Packungsanleitung einweichen.

2. Eigelb mit Zucker, Holunderbeersaft und Wein in einer Schüssel verrühren und im heißen Wasserbad so lange schlagen, bis eine dickliche Creme entstanden ist.

3. Die eingeweichte Gelatine leicht ausdrücken, in die heiße Creme geben und so lange rühren, bis die Gelatine aufgelöst ist. Die Creme kaltschlagen (am besten in einer Schüssel im Eiswasserbad). Likör unterrühren.

4. Sahne steifschlagen und vorsichtig unter die Creme heben, so dass eine Marmorierung entsteht. Die Creme zugedeckt etwa 2 Stunden kalt stellen.

5. Für die Birnensauce die Birnen schälen, halbieren, die Kerngehäuse mit einem Kugelausstecher entfernen, die Birnenhälften mit Zitronensaft beträufeln. Vanilleschote aufschneiden, das Mark herauskratzen. Wein mit Apfelsaft, Zucker, Vanillemark und -schote in einem Topf aufkochen. Birnenhälften hinzugeben und bei schwacher Hitze etwa 10 Minuten darin garziehen lassen. Die Hälfte der Birnen herausnehmen und beiseitelegen.

6. Den Sud mit den restlichen Birnenhälften etwas einkochen lassen. Die Vanilleschote entfernen, die Birnen in dem Sud pürieren. Birnenbrand unterrühren. Birnenpüree erkalten lassen. Für etwa 1 ½ Stunden in den Gefrierschrank stellen und anfrieren lassen.

7. Von der kalt gestellten Holundercreme mit Hilfe eines Löffels oder Eisportionierers Nocken abstechen und auf Tellern anrichten. Die beiseite gelegten Birnenhälften in Spalten schneiden und an die Nocken legen. Mit Holunderbeeren und Minze garnieren.

8. Die angefrorene Birnensauce mit einem Schneebesen durchschlagen und um die Nocken gießen.

Tipp: Birnenhälften lassen sich auch sehr schön zu Fächern schneiden. Besonders gut sieht es aus, wenn man die Stiele beim Schälen und Halbieren nicht entfernt.

Hinweise zu den Rezepten

Alle Rezepte sind von Dr. Oetker entwickelt und getestet worden. Sie sind ausführlich beschrieben und zum besseren Nachvollziehen übersichtlich in Punkte gegliedert. Die Zutaten sind in der Reihenfolge der Verwendung in einer Spalte aufgeführt, so dass leicht nachvollziehbar ist, was für das Rezept benötigt wird. Die Rezepte enthalten darüber hinaus Backzeit, Zubereitungszeit sowie Nährwertangaben.

Lesen Sie bitte vor der Zubereitung – besser noch vor dem Einkaufen – das Rezept einmal vollständig durch. Oft werden Arbeitsabläufe oder -zusammenhänge dann klarer.

Abkürzungen

EL	= Esslöffel
TL	= Teelöffel
Msp.	= Messerspitze
Pck.	= Packung/Päckchen
g	= Gramm
kg	= Kilogramm
ml	= Milliliter
l	= Liter
evtl.	= eventuell
geh.	= gehäuft
gestr.	= gestrichen
TK	= Tiefkühlprodukt
°C	= Grad Celsius
Ø	= Durchmesser
E	= Eiweiß
F	= Fett
Kh	= Kohlenhydrate
kcal	= Kilokalorien
kJ	= Kilojoule
BE	= Broteinheiten

Die in den Rezepten angegebenen Gartemperaturen und -zeiten sind Richtwerte, die je nach individueller Hitzeleistung des Backofens über- oder unterschritten werden können. Bitte beachten Sie deshalb bei der Einstellung des Backofens die Gebrauchsanweisung des Herstellers und machen Sie nach Beendigung der Garzeit eine Garprobe.

Zubereitungszeiten

Die Zubereitungszeit beinhaltet nur die Zeit für die eigentliche Zubereitung, die Backzeiten sind gesondert ausgewiesen. Längere Wartezeiten, wie z. B. Kühlzeiten, sind ebenfalls nicht mit einbezogen.

Kapitelregister

Alphabetisches Register

Für Fragen, Vorschläge oder Anregungen steht Ihnen der Verbraucherservice der Dr. Oetker Versuchsküche Telefon: +49 (0) 18 03 24 25 26 Mo.–Fr. 8:00–18:00 Uhr, Sa. 9:00–15:00 Uhr (0,09 EUR/Min.) zur Verfügung
oder schreiben Sie uns:
Dr. Oetker Verlag KG, Am Bach 11, 33602 Bielefeld
oder besuchen Sie uns im Internet unter www.oetker.de.

Umwelthinweis Dieses Buch und der Einband wurden auf chlorfrei gebleichtem Papier gedruckt. Die Einschrumpffolie – zum Schutz vor Verschmutzung – ist aus umweltfreundlichem und recyclingfähigem PE-Material.

Redaktion Carola Reich, Annette Riesenberg

Titelfoto Thomas Diercks, Hamburg
Innenfotos Fotos Christiane Krüger, Hamburg
außer
Ulrich Kopp, Sindelfingen (S. 41)
Bernd Lippert (S. 81)
Norbert Toelle, Bielefeld (S. 103)
Brigitte Wegner, Bielefeld (S. 9, 35, 75)

Foodstyling Rocco Dressel, Hamburg
Eike Upmeier-Lorenz, Hamburg

Rezeptentwicklung Josef Laufer, Eltville-Hattenheim

Rezeptnachbearbeitung und redaktionelle Beratung Anke Rabeler, Berlin

Nährwertberechnungen Nutri Service, Hennef

Grafisches Konzept kontur:design, Bielefeld
Titelgestaltung kontur:design, Bielefeld

Reproduktionen Mohn media Mohndruck GmbH, Gütersloh
Satz JUNFERMANN Druck & Service, Paderborn
Druck und Bindung Mohn media Mohndruck GmbH, Gütersloh

ISBN 978-3-7670-1013-0